# 遊王将軍・徳川家斉の功罪

## 賢臣・松平定信との相克

鈴木荘一
Soichi Suzuki

花伝社

# はじめに

わが国の骨格を形成したのは、二百六十四年におよぶ平和を確立した徳川政権である。家康が幕府を開いてから慶喜が大政奉還するまで、最も在任期間が長かった将軍は十一代家斉の在位五十年であり、徳川二百六十四年の約二割に及んでいる。これは八代吉宗の二十九年をはるかにしのぐ長期政権だった。

だから江戸時代＝徳川政権を理解するうえで、家斉の功罪を避けることはできない。

家斉は十代将軍家治の実子ではない。

前将軍家治が病死したとき直系男児の血統は絶えていたから後継将軍は御三卿（田安家、一橋家、清水家）から出すことになり、後継将軍の座を田安家の嫡男松平定信と一橋家の嫡男一橋家斉が争った。御三卿の序列は田安家が一橋家より上位にあったし、松平定信は八代将軍吉宗の孫であり一橋家斉は吉宗の曽孫にすぎないから、家格からいっても血筋からいっても、御三卿筆頭・田安家の嫡男松平定信が後継将軍の最短距離にいた。

そのうえ定信は幼少より聡明で知られ、自分がやがて将軍になるとの自覚をもっていて、「将軍になったら祖父吉宗の『享保の改革』を手本として、立派な幕政改革を行いたい」

と考えていた。のちにこれを実現するのが定信の「寛政の改革」である。

しかるに家斉の父一橋治斉は権謀術策の人であり、「何とか家斉を将軍にしたい」と念願し、かなり早い段階から幕閣の最大実力者・田沼意次に近づいて田沼と組み田沼の剛腕を利用して、定信を白河藩主へ追い出し、息子の家斉を将軍に押し込んだのである。

定信は後継将軍の座をめぐる抗争に際し戦わずに降りて、代わりに首席老中になった。

一方、将軍になった家斉は一切の政治運営を定信にゆだね「象徴天皇」ならぬ「象徴将軍」になった。家斉と父治斉の願いは「家斉が将軍になりさえすれば良い」ということだったから、目的を達成した家斉と治斉は政治運営の一切を最も有能な定信にゆだねたのだ。

これが徳川政権の「柔構造」だったのである。


家斉は身体頑健だが象徴将軍になって一切の政治を定信にゆだねたのだから、エネルギーを持て余していた。このことについて徳川家の正式歴史書『文恭院殿御実紀』は、「文恭院殿（将軍家斉のこと）は遊王となりて楽しみたまふ」

と述べている。


お家騒動になりかねない家斉と定信の暗闘の結果、家斉が将軍になったのだが、将軍家に男児が生まれず血統が絶えることはお家騒動のもとであり、徳川政権の崩壊をもたらしかねない。

だから養子として将軍になった家斉に求められた最大の仕事は、何がなんでも多くの男児をもうけて、将軍家の血筋を絶やさないことだった。

幕府を開いた家康は豊臣秀頼を滅ぼして天下を平定し、二代秀忠は軍事力を誇示して松平忠輝（越後高田藩七十五万石）や福島正則（広島藩五十万石）や最上義俊《よしとし》（山形藩五十七万石）を改易。三代家光は旗本八万騎とよばれる強力な将軍直属部隊を作って加藤忠広（熊本藩五十二万石）を改易し、諸大名に参勤交代制を命じ、幕権を強化した。こうした武断政治は、徳川創業の荒々しい時代だったからできた。

しかし十一代家斉の時代になると、こういう荒々しい武断政治はとてもできない。だから家斉は妻妾十六人に子女五十三人をもうけ、成年まで存命した二十七人を男児は大名家などの養子に、女児は大名家などの正妻に押し込んだ。大名家は約三百家あったが二十七人を送り込み、全大名の約一割と親類関係になってしまったのである。

これまで幕府は諸大名を親藩、譜代、外様と区別して統制し、外様の反乱を厳しい目で監視していた。しかし外様でも将軍家と縁組を結べば将軍家の親類となってしまうから親藩、譜代、外様の区別は崩れ、将軍家を中心とする壮大な親戚ネットワークが出来上がった。こうして家斉は徳川創業の荒々しい武断政治から脱却し、諸大名家に子女を送り込んで親類になる穏やかな大名統制をとり、血縁関係により政権を維持する盤石な挙国一致体制を確立したのである。

真面目・堅物の松平定信は「寛政の改革」という立派な業績を上げるが、周りの者は息が詰まる。

将軍家斉は朝廷・諸大名・家臣団との摩擦を避ける「みんな仲良く」という融和政策をとったが、幕政の矛盾は日々拡大し、勃発する内憂外患に対処することができず、やがて幕藩体制は傾いて終焉をむかえる。

内政外交という政治運営は、まことに難しいものなのだ。

家斉と定信の時代は、家斉が文化を、定信は幕政を二人三脚で分担した。真面目一方の定信と、放漫経営で幕府を傾けてしまう家斉の相克こそ、徳川政権後期の実相であった。

こうした徳川政治は、今日にいたる近代日本の基層をなしているのである。

令和六年九月

鈴木荘一

# 遊王将軍・徳川家斉の功罪——賢臣・松平定信との相克◆目次

## 第三章　松平定信の「寛政の改革」



## 第四章　ロシアの南下

# 第一章　松平定信と一橋家斉の将軍後継をめぐる暗闘

## 息子家斉を将軍に押し込んだ父一橋治斉《はるさだ》の権謀術策

第十一代家斉の将軍在位は五十年。第八代吉宗の二十九年をはるかにしのぎ、十五人の将軍のなかで最も長かった。そのうえ家斉は将軍職を嫡男家慶に譲ったあと大御所として四年間、実権を手放さなかったから、幕府二百六十四年の約二割に及ぶ長期政権だった。

家斉は「遊王」といわれるほど政治に無関心で大奥に入り浸り、五十三人の子をもうけて子女を有力大名と縁組させて融和をはかった。この結果、賄賂や縁故人事が横行し、奢侈・贅沢が蔓延して、家斉の文化文政期は元禄と並ぶ文化の爛熟期となった。

一方、幕末を控えたこの時期、松平定信や水野忠邦ら賢臣たちは大飢饉や財政難など内政面の諸課題や、ロシア船襲来やアヘン戦争など緊迫化する外交問題に苦悩していた。

幕末前夜の幕府の実相を知るうえで、将軍家斉の功罪を避けることはできない。

家斉は前将軍家治の実子ではない。

前将軍家治が天明六年（一七八六年）八月二十五日に病死したとき、家治の唯一の男児で世子（世継のこと）だった徳川家基《いえもと》は七年前の安永八年（一七七九年）二月に事故死（享年十八）して血統が途絶えていた。

将軍の血統が絶えたときは御三卿（田安家、一橋家、清水家）から将軍を出すことになっていたから、後継将軍の座を田安家の嫡男松平定信と一橋家の嫡男一橋家斉が争った。

御三卿の序列は第一位田安家、第二位一橋家、第三位清水家だったから、血筋からみれば御三卿筆頭の田安家の嫡男松平定信が後継将軍の最短距離にいた。

当時、松平定信は脂の乗り切った三十歳。一橋家斉は十五歳の少年。

定信は幼少より聡明で知られ、十六歳のとき、

「心あてに　見し夕顔の　花ちりて　尋ねぞ迷う　たそがれの宿」

という和歌をよみ、「たそがれの侍従。夕顔の少将」とよばれていた。定信は御三卿筆頭の田安家の嫡男なのだから、自分がやがて将軍になるという正統の自覚をもっていて、

「将軍になったら祖父吉宗の『享保の改革』を手本として、立派な幕政改革を行いたい」

と考えていた。のちにこれを実現するのが定信の「寛政の改革」なのである。

血筋、能力、識見からみて定信こそ後継将軍に最適であり、正義は定信にあったのだ。

しかし一方、家斉の父一橋治斉は権謀術策の人で、

「なんとか一橋家から将軍を出したい。息子家斉を将軍にしたい」

と熱願し暗躍を重ねた。前将軍家治の在任中、幕閣の最大実力者は田沼意次だったから一橋治斉はかなり早い段階から田沼に近づき、田沼の剛腕を利用して、息子の家斉を将軍に押し込んだ。こうして支流だった家斉が、本流の松平定信をさしおいて将軍になった。

支流の家斉が将軍になったのは、権力闘争の勝利だったのである。

正義は定信にあり、権力は家斉にある。

とかくこうしたお家騒動は正義VS権力の戦いとなり、血みどろの抗争となって、権力を握った側が勝利して終わりがちである。これがもし足利幕府だったら、天下を二分する血みどろの内戦になったかもしれない。

しかし定信は戦わずに降りた。そして将軍になった家斉は一切の政治運営を定信にゆだね、「象徴天皇」ならぬ「象徴将軍」になってしまった。家斉にとっても父治斉にとっても、「家斉が将軍になりさえすれば良い」

ということだった。だから目的を達成した家斉と治斉は、一切の政治運営を定信にゆだねた。これが徳川政権の「柔構造」だったのである。

三十歳で首席老中になった定信は、十五歳の将軍家斉に『御心得十五カ条』を呈上して将軍としての帝王学を授け、第五条で、

「万人の上に立つ者は、いかに聡明とはいえ、下の者の聡明な者よりはるかに劣る。だから将軍は才智を以て下の者と争ってはなりません。(原文：上にあらせられ候ては御十分御聡明にあらせられ候ても凡人の聡明なるよりははるかに御劣りあそばされ候。惣《すべ》て御才智を以て下と御争いあそばされ候てはあらせまじき)」

と忠告。さらに第十二条で、

「歴史書をよく読まないと古今の時世と人情に暗くなる」

と述べ、歴史書をよく読むように忠言した。ここには定信の、
「政治の一切は私に任せなさい。私が政務の一切を取り仕切りますよ」
という気迫が込められている。そして家斉はこれを受容したのである。

家斉は生まれつき身体が頑健で、冬でも肌着に小袖二枚、炬燵《こたつ》には入らず、火鉢で手をあぶる程度だった。家斉は毎朝早く起きて規則正しい生活を送り、運動神経もよく乗馬が趣味で、馬術の奥義を究めたとされる。毎年冬には吹上の馬場に南部や仙台の良馬を集め、家臣たちが乗るのをみて楽しんだ。とくに打毬《だきゅう》（馬に乗り杖《スティック》で毬《ボール》を毬門《ゴール》へ投げ込むポロに似た競技）を好んだ。家斉は五十三間（約百四メートル）もある馬場で打毬をおこなったさい、馬場の端にある毬門に毬を正確に投入し、近習も老臣もその腕に驚嘆したという。

また幼い頃から鷹狩りが好きで、厳冬期の風雪のなかでも鶴などを狩り、放った鷹が鶴を捕らえると自ら駆け寄って鶴を取り押さえたこともあった。そして鶴の血液を入れた「鶴血酒」をつくらせて家臣らにふるまった、という。

家斉は身体頑健だが「象徴将軍」になって、政治の一切を首席老中になった松平定信にゆだねたのだから、やるべきことがなくエネルギーを持て余していた。

このことについて徳川家の正式歴史書である『文恭院殿御実紀』は、

「文恭院殿（将軍家斉のこと）はもとより世子にあらず。大統（将軍のこと）を継がせたまひしなれど、遊王となりて楽しみたまふ」

と述べている。

前述のとおり家斉の父治斉は権謀術策を駆使し、旗本六百石から相良藩主五万七千石になり老中として権勢を誇った幕閣の最大実力者・田沼意次の剛腕を活用し、息子の家斉を将軍に押し込み、支流の家斉が本流の松平定信をさしおいて将軍になった。一橋治斉はこうして目的を達成すると、田沼意次を、

「もうあんたの利用価値はなくなったのだよ」

ということで失脚させ、田沼意次の領国相良藩五万七千石をすべて召上げた。

支流の家斉を将軍にするのにもっとも功績があり政治的力量が豊富な田沼意次が幼少の新将軍家斉を操って傀儡化しないよう、邪魔になった田沼を叩きつぶしたのである。

自信満々だった田沼意次は、幼少の家斉を将軍に据えて傀儡にし自分自身の権力を拡大しようと目論んだのだが、家斉の父治斉に体よく利用され捨てられたのである。

治斉の権謀術策は、これほどまでに冷酷無比なものだった。

そして能力が高くまじめな松平定信を首席老中に据えて政治の一切を任せた。

こうして将軍家斉は、スタート時点から盤石の体制を与えられたのである。

しかし、ここで大きな疑問が生じる。

「前将軍家治の唯一の男児で、あれほど元気だった徳川家基十八歳はなぜ急死したのか？　家斉の父一橋治斉が、家斉を将軍にするため、家基を暗殺したのではないか？　冷酷無比で権謀術策を弄する治斉ならやりかねない」

という疑問である。

家基は馬に乗り元気に鷹狩りに出かけたとき急死した。死因について徳川関係文書は曖昧にしているから定かではない。なお長崎のオランダ商館長ドゥーフは、

「猛きペルシャ馬の悍馬に乗って落馬して死んだ」（『日本回想録』）

とし、オランダ商館が幕府に猛きペルシャ馬を献上したことを悔いている。

源頼朝も落馬して死んだのだから、落馬して死に至ることがある。

私自身は「落馬によるたんなる事故死だった」と考えている。

しかしほんの少数説だが、

「家斉の父治斉が、家斉を将軍にするため、家基を暗殺した」

という説がある。この説は論拠が乏しいので、賛同者は数少ない。

しかし数少ない賛同者の一人が新たに将軍になった徳川家斉だった。そして家斉は、

「父治斉に暗殺された徳川家基は、治斉を恨み、自分家斉にたたりをなそうとしている」

とおそれおののいた。これが誰も知らない家斉の「深い心の闇」だったのである。

## 将軍への芽をつまれ白河藩へ入った松平定信

定信は宝暦八年十二月（一七五九年一月）に御三卿の筆頭である田安家の初代当主・徳川宗武（徳川吉宗の次男）の七男として生まれた。田安家を継いだ兄治察が病弱だったから、定信は田安家を継いでいずれは第十代将軍・徳川家治の後継と目されていた。

家格は田安家が上で、一橋家は下である。

定信は吉宗の孫であるが、家斉は曽孫に過ぎない。

だから家格が上で、吉宗の曽孫の家斉より孫で吉宗に血統が近く、年齢も適任で秀才として知られる定信が後継将軍の最短距離にいたのである。

しかし一方、一橋家の初代当主宗尹《むねただ》（第八代将軍吉宗の四男）は、

「一橋家は田安家をしのいで、何とか一橋家から将軍を出したい」

と念願した。

宗尹の息子で家斉の父治斉は、初代宗尹の「一橋家から将軍を出したい」との念願を実現すべく画策し、幕閣の最大実力者だった田沼意次に近づいた。治斉は、美人ではないが政治的な機略があり田沼意次が大奥工作のため送り込んだお富の方を譲り受けて田沼意次と懇意にした

のみならず、お富の方に家斉を産ませた。

そして田沼意次と組んで、定信を白河藩へ追い出し将軍後継者から外したのである。

十七歳になった定信は、病弱だった兄治察が存命だった安永三年（一七七四年）三月十五日、幕命により白河藩主・松平定邦の養子となることが決定した。

江戸城で将軍に謁見する際の控えの間の最高の座席は溜詰《たまりづめ》、次が大広間、さらに帝鑑間《ていかんのま》、柳間、雁間、菊間と続いていた。溜詰に列するには侍従以上の官位が必要で彦根藩主、会津藩主、高松藩主などに限られていた。白河藩主は上から三番目の帝鑑間だった。だから定信としてはかなり格下げとなったのである。

定信は安永三年（一七七四年）五月十八日に白河藩松平家に移る儀式を行ったが実際は移動せず、白河藩の養子になった後もしばらくは田安邸に居住していた。かかるなか田安家を継いだ兄治察が三カ月後の安永三年（一七七四年）八月二十八日に病死し、田安家の当主が不在となった。そこで定信は白河藩との養子縁組を解消して田安家を相続することを幕府に願い出た。しかし治斉と田沼意次に阻まれて許されなかった。

定信はあきらめて白河藩に入った。

前述のとおり、この五年後の安永八年（一七七九年）二月に将軍家治の実子で世子・家基が急死した。このとき定信は白河藩に入っているので、御三卿の一橋家の第三代当主で九歳だった家斉が天明元年（一七八一年）閏五月に家治の養子になった。そして家治が天明六年（一七八六年）に五十歳で病死すると、家斉は諸行事をおえて翌天明七年（一七八七年）に十五歳で第十一代将軍になったのである。

## 田沼意次の失脚

この間の政治経済をみると、第十代将軍家治（在任：宝暦十年《一七六〇年》～天明六年《一七八六年》）の政権末期となった天明二年（一七八二年）に東北地方は冷害により凶作となり、天明三年（一七八三年）四月から七月にかけて浅間山が大噴火した。火山灰が空をおおいつくし、穀物は実らず。関東一円への降灰と利根川への土砂の流入により田畑は荒れはて、田沼意次が取り組んだ印旛沼干拓事業は無に帰した。

以来六年間におよぶ「天明の大飢饉」となる。

天明四年（一七八四年）には、老中田沼意次の長男で若年寄をつとめていた田沼意知が江戸城内で旗本佐野政言《まさこと》に刺殺された。暗殺理由は定かでないが、「約束した昇進がかなわない。貸した系図を返さない。親の威を借り無能なくせに威張る」などの私怨とされる。民衆は佐野政言を「世直し大明神」ともてはやした。

かかるなか将軍家治が天明六年（一七八六年）八月、病の床についた、そこで田沼意次が町医・若林敬順を遣《つか》わしたところ、若林敬順の投薬により家治の病状はますます悪化し、危篤の状態になった。

田沼意次は見舞いに駆け付けたが、目通《めどお》りを阻まれた。そして将軍家治が八月二十五日に死去すると、大奥御女中衆の間から、

「田沼意次が勧めた町医が将軍家治に毒をもったのだ」

というわさが殿中に広がり、田沼意次は失脚した。大奥は実力者田沼意次を失脚させる力を持っていたといえる。権勢を誇った老中田沼意次は、将軍家治が死去して二日後の八月二十七日に老中を解任され、天明七年（一七八七年）十月二日に相良藩をすべてを召上げられて蟄居を命じられ、天明八年（一七八八年）七月二十四日に死んだ。

一橋治斉は田沼意次と組んで松平定信を白河藩へ追い出して将軍就任の芽をつみ、息子の家斉を将軍にすると、家斉を将軍にするうえでもっとも功績のあった田沼意次が幼少の将軍家斉を操って傀儡化しないよう失脚させてつぶし邪魔者を消したのである。

第二章

# 気配りの将軍・徳川家斉の融和政策

## 途絶えがちだった将軍家の血統

家康の直系の血統は二代秀忠、三代家光、四代家綱、五代綱吉、六代家宣、七代家継で途絶えてしまった。

そこで紀州藩主徳川吉宗がむかえられて八代将軍になったが、この紀州系の血統も九代家重、十代家治と続いて途絶えてしまった。

そして前述のとおり松平定信と一橋家斉のお家騒動になりかねない暗闘の結果、家斉が十一代将軍になった。このように将軍家に男児が生まれず将軍の血統が絶えることはお家騒動のもとであり、将軍家のお家騒動は天下大乱をよんで徳川幕府の崩壊をもたらしかねない。このことは幕末期に継嗣がなく病没した十三代将軍家定の後継将軍問題をめぐって南紀派と一橋派が争い、幕府の命脈を縮めたことからも明らかである。

だから前将軍家治の養子として将軍になった家斉に求められたことは、何がなんでも男児を儲《もう》けて、将軍家の血筋を絶やさないことだった。

このことについて家斉は、十五歳で将軍職を継ぐ際、実家の一橋家より、

「子女を多く儲けるように」

と訓戒を受けた、とされる。このため家斉は子づくりにはげんだのである。

子女五十三人を儲けるとは好色、性豪という段階をはるかに超えた偉業（?）である。家斉は「白牛酪《はくぎゅうらく》」という今のチーズのような高タンパク乳製品を好み、生姜も大好物で一年中毎

日欠かさず食べた。さらに精力増強のためオットセイからつくった粉末の漢方薬（海狗腎という）を飲んでいたので、「オットセイ将軍」とも呼ばれた。

幕府は慶長十九年（一六一四年）に安房国嶺岡（今の千葉県南房総市）に牧場を置き、八代将軍吉宗が享保十一年（一七二六年）にオランダから献上された雄のペルシャ馬を放牧し、享保十三年（一七二八年）にはインドから白牛三頭を導入した。白牛は寛政四年（一七九二年）には七十頭に増える。家斉はこれに目をつけ牛乳を原料に白牛酪というチーズを製造させ、自分が食べるだけでなく、近習らにふるまった。将軍に近侍していた御庭番川村修富《ながとみ》は、寛政十年（一七九八年）一月二十日の日記に、

「白牛酪を頂戴いたし候。奥向一同まで残らず下され候」

と記した。白牛酪は寛政八年（一七九六年）には一匁四百文で市販されていた、という。

## 諸大名との縁組で挙国一致を確立

幕府を開いた家康は、大坂の陣で豊臣秀頼を滅ぼし、武力で天下を平定した。

二代秀忠は元和二年（一六一六年）六月に軍役を改定して軍事力を誇示し、元和二年七月に弟で越後高田藩七十五万石の松平忠輝を改易し、さらに豊臣恩顧の福島正則（広島藩五十万石）を元和五年（一六一九年）に改易した。元和八年（一六二二年）一月には諸大名に妻子を人質として江戸へ置くことを命じ、八月に出羽山形藩五十七万石の最上義俊《よしとし》を改易。また甥の

松平忠直（福井藩六十七万石）を元和九年（一六二三年）二月に隠居させ、忠直の同母弟松平忠昌に福井藩を継がせた。

三代家光は寛永九年（一六三二年）四月に旗本八万騎とよばれる強力な将軍直属部隊を作って、豊臣恩顧の熊本藩（五十二万石）の藩主加藤忠広を寛永九年五月に改易。さらに弟の甲府藩主徳川忠長を寛永九年十月に改易したうえ寛永十年十二月（一六三四年一月）に切腹させた。さらに家光は寛永十二年（一六三五年）、諸大名に参勤交代制を命じ、幕権を一段と強化した。

家康・秀忠・家光のこうした武断政治は、徳川創業の荒々しい時代だったからできた。

しかし十一代将軍家斉の時代になると、こういう荒々しい統治はとてもできない。

そのうえ家斉は養子という落下傘で将軍になったのだから直卒の軍事力はなく、武断政治で諸大名を統率することはできない。だから諸大名に子女を送り込んで親類になってしまう縁組政策をとった。家斉が多くの子を作ったのは将軍家の血筋を絶やさないというだけでなく、「みんな仲良く」という融和政策で政権を維持するしかなかったのである。将軍家斉は子女を諸大名と縁組させて、血縁関係による大名統制をとったともいえる。

家斉は妻妾十六人に子女五十三人（男子二十六人・女子二十七人）をもうけ成年まで存命した二十八人のうち、二十七人を男児は大名家などの養子に、女児は大名家などの正妻に押し込んだ。大名家は約三百家あったが二十七人を送り込み全大名の約一割と親類関係になってしまった。

幕府は諸大名を親藩、譜代、外様と区別して統制し外様の反乱を厳しい目で監視していたが、外様でも将軍家と縁組を結べば将軍家の親類となってしまうから親藩、譜代、外様の区別は崩れ、将軍家を中心とする壮大な親戚ネットワークが出来上がった。

こうして家斉は盤石な挙国一致体制を作りあげ、穏やかな統治を確立したのである。


家斉はまず御三家の乗っ取りを目指し、尾張家第十一代藩主に家斉の二十一男斉温《なりはる》を、第十二代藩主に家斉の十二男斉荘《なりたか》を押し込んだ。その代わり尾張藩には十万石の価値があるとされる近江八幡を与えた。紀州藩には第十一代藩主斉順《なりゆき》、第十二代藩主斉彊《なりかつ》を押し込んだ。


水戸藩の乗っ取りには失敗した。水戸藩第八代藩主斉脩《なりのぶ》の正室に家斉の八女峰姫を押し込んだが男児が生まれなかったので、養子に家斉の二十二男恒之丞（徳川斉彊）を押し込もうとしたが、水戸藩は「水戸っぽ」と呼ばれるほど独立の気風が強く、水戸藩士藤田東湖らが藩主の弟の敬三郎（のちの水戸藩主徳川斉昭）の擁立を図って実現した。独自の気風を誇ったこの水戸藩は、幕末にいたって最後の将軍徳川慶喜を輩出する。

親藩に対しては福井藩松平家に二十三男の斉善《なりさわ》を押し込んで二万石を加増。津山藩松平家には十六男の斉民《なりたみ》を押し込んで五万石を加増、明石藩松平家は二万石を加増して二十七男の斉宣《なりのぶ》

付表　家斉の妻妾と子女の縁組先

| 妻妾 | | 子女 | 縁組先 |
|---|---|---|---|
| 正室：近衛寔子　（広大院） | 島津重豪の娘 | 四男：敦之助 | 清水徳川家・徳川重好の継子 |
| 側室：お万の方　（契真院） | 平塚為喜の娘 | 長女：淑姫 | 尾張徳川家・徳川斉朝に嫁ぐ |
| | | 四女：綾姫 | 仙台藩主・伊達周宗と婚約 |
| 側室：お楽の方　（香琳院） | 押田勝敏の娘 | 次男：家慶 | 第十二代将軍 |
| 側室：お歌の方　（宝池院） | 水野忠直の娘 | 三男：敬之助 | 尾張徳川家・徳川宗睦の養子 |
| 側室：お登勢の方（妙操院） | 梶勝俊の娘 | 八女：峰姫 | 水戸徳川家・徳川斉脩に嫁ぐ |
| | | 八男：斉順 | 紀伊徳川家・徳川治寶の養子 |
| 側室：お蝶の方　（速成院） | 曽根重辰の娘 | 十男：虎千代 | 紀伊徳川家・徳川治寶の養子 |
| | | 十二男：斉荘 | 尾張徳川家・徳川斉温の養子 |
| | | 十九女：和姫 | 長州藩主・毛利斉広に嫁ぐ |
| 側室：お美尾の方（芳心院） | 木村重勇の娘 | 十二女：浅姫 | 福井藩主・松平斉承に嫁ぐ |
| 側室：お屋知の方（清昇院） | 大岩盛英の娘 | 十五女：元姫 | 会津藩主・松平容衆に嫁ぐ |
| 側室：お袖の方　（本性院） | 吉江政福の娘 | 十六女：文姫 | 高松藩主・松平頼胤に嫁ぐ |
| | | 二十二男：斉彊 | 紀伊徳川家・徳川斉順の養子 |
| 側室：お八重の方（皆春院） | 牧野忠克の娘 | 十三男：斉明 | 清水徳川家の養子 |
| | | 十八女：盛姫 | 佐賀藩主・鍋島直正に嫁ぐ |
| | | 十四男：斉衆 | 鳥取藩主・池田斉稷の養子 |
| | | 十六男：斉民 | 津山藩主・松平斉孝の養子 |
| | | 二十五女：喜代姫 | 姫路藩主・酒井忠学に嫁ぐ |
| | | 二十男：斉良 | 浜田藩主・松平斉厚の養子 |
| | | 二十四男：斉裕 | 徳島藩主・蜂須賀斉昌の養子 |
| 側室：お美代の方（専行院） | 内藤就相の娘 | 二十一女：溶姫 | 加賀藩主・前田斉泰に嫁ぐ |
| | | 二十四女：末姫 | 広島藩主・浅野斉粛に嫁ぐ |
| 側室：お以登の方（本輪院） | 高木広允の娘 | 二十六女：永姫 | 一橋徳川家・徳川斉位に嫁ぐ |
| | | 二十三男：斉善 | 福井藩主・松平斉承の養子 |
| | | 二十六男：斉省 | 川越藩主・松平斉典の養子 |
| | | 二十七男：斉宣 | 明石藩主・松平斉韶の養子 |
| 側室：お瑠璃の方（青蓮院） | 戸田政方の娘 | 二十一男：斉温 | 尾張徳川家・徳川斉朝の養子 |
| | | 二十七女：泰姫 | 鳥取藩主・池田斉訓に嫁ぐ |

を押し込んだ。

譜代大名の川越藩には二十六男の紀五郎（後の松平斉省《なりさだ》）を押し込んだ。

外様大名については、鳥取藩池田家に十四男の斉衆《なりひろ》を養子に送り込み、徳島藩蜂須賀家には二十四男の斉裕《なりひろ》が入って第十三代藩主になった。

外様で加賀百万石の藩主前田斉泰《なりやす》には、文政十年（一八二七年）に第二十一女溶姫《やすひめ》を輿入れさせた。東京大学の赤門は家斉の娘溶姫が加賀藩に嫁入りしたとき前田家が造ったもので、正式には「御守殿門」といった。赤門をくぐると、すぐ右側に経済学部の校舎があり、その奥に剣道場があり、その脇に三四郎池（かつて加賀藩前田家がつくった心字池）がある。私は経済学部で剣道部員だったたから毎日赤門をくぐった。

東京大学の赤門

家斉の子を迎えて将軍家と縁組をした大名家には幕府から拝借金（持参金のこと）が下されたほか、官位の面でも本来の家格よりも上位の官位が授けられるなど特別な待遇が与えられた。
こうして将軍家斉は、縁組により全国制覇を成し遂げたのである。

## 将軍の家庭だった大奥

大奥を一言でいうなら将軍の家庭である。妻妾同居の家庭である。大奥の役割は正妻を迎え側室を抱え、子をなし育てて、有力大名と縁組させることだった。

今日の大企業などでは社長夫人が社内の役員人事に口をはさむことはない。しかし中堅企業のなかには若い夫婦二人で零細企業を興し二人で苦労して大きな会社に育て上げたというようなのもあって、こうした会社では社長夫人が社内の役員人事に絶大な影響力を持っている。徳川将軍の大奥は、どちらかといえば後者に似ている。

鎌倉幕府は京都朝廷の干渉を嫌って京都から遠く離れた鎌倉に幕府を開いたが、後鳥羽上皇が執権北条義時に対し「義時追討の院宣」を発して挙兵し、承久の乱が勃発した。

これを反省した足利幕府は朝廷おひざ元の京都に幕府を開いたが、足利幕府は京風になじんで惰弱になり、とうとう滅んでしまった。

これらを顧慮した家康は京都から遠く離れた江戸に幕府を開いたうえ、京都朝廷が不満を募らせないよう歴代将軍の正妻に京都から上級公卿の娘を迎えた。だから正妻に迎えられた上級公卿の娘が男児を産み将軍になれば、京都朝廷から将軍が出ることになる。

将軍の御台所（正妻のこと）を支える大奥御女中の最高位の者を上臈御年寄《じょうろうおとしより》といい、格式は老中と同等だった。上臈御年寄の役目は大奥の典礼儀式や年中行事を司《つかさど》ることだったから、有職故実に長《た》けた公卿の娘がこの役職に就くことが多かった。

将軍の御台所が上級公卿の娘で、御台所を支える上臈御年寄は有職故実に長けた公卿の娘らなのだから、江戸城大奥には京都朝廷の文化が色濃く息づいていたのである。

もともと上臈御年寄は大奥の典礼儀式や年中行事を司り御台所を支えることが役割だったから、はじめのうちはあまり権勢をふるうことはなかった。しかしこののち第十代将軍家治付の高岳《たかおか》や第十二代将軍家慶付の姉小路のように、才覚があって御台所や将軍の相談にあずかり、絶大な権勢を誇る者が現れる。

また上臈御年寄は、中臈《ちゅうろう》とよばれる数人の側室候補を抱えていた。中臈のうち将軍の手がついた者は側室となり、将軍の男児を産めば「お部屋さま」、女児を産めば「お腹さま」に昇格し、生まれた男児が将軍になれば「将軍御生母」となって比類なき権力が手に入った。そして上臈御年寄は、相撲部屋の親方が抱える力士のうちから優勝力士がでれば部屋が栄えるように、抱えていた中臈が出産した男児が将軍になれば大奥内で絶大な権勢を持つようになったのである。

天明六年（一七八六年）閏十月時点の上臈御年寄は席次順に高岳、常磐井、万里小路《までのこうじ》、滝川、野村、梅野井、大崎、高橋の八人だった。

大奥の筆頭老女高岳は、天明七年（一七八七年）に松平定信が老中に就任する際、ときの将軍家斉から諮問を受けたとき老女・滝川とともに反対意見を述べたとされ、定信の老中就任後、大奥を去ることになる。

大崎は一橋家に仕え家斉出生時に助産婦をつとめ家斉の乳母だったとされ、天明元年（一七八一年）に家斉が将軍世子になったとき上臈御年寄に昇進した。大崎は将軍家斉の内意を御三家に伝える役目を担ったとされ、定信とは親しく「表は松平定信。奥は大崎」といわれるほどの権力を誇った。しかし定信の老中就任後、定信に、

「老中と大奥御年寄は同役だから、奥向きのことは私に相談してほしい」

と発言したことから「老中と大奥御年寄が同役とは何事だ」と定信を激怒させ、以後両者は対立し、定信が大奥に改革のメスを入れようとしたとき早々と大奥から退く。

江戸時代の方が、男尊女卑の徹底した明治時代より、女性の政治的影響力は強かったようで、大奥の上臈御年寄ともなれば「老中並の権力を持っている」といわれ、幕末期には上臈御年寄が老中の選定や将軍の選定にまで関与したとされる。

大奥は総員八百人ほど（時期によって変動あり。幕末の第十四代将軍家茂のときは総員三八五人で上臈御年寄は二人）の女性のピラミッド社会で、八人ほどの上臈御年寄が中臈とよばれる側室候補を各々四～五人かかえ、各々の中臈を部屋子・下女ら二十余人が支えていた。だから上臈御年寄は各々百人ほどの女性を支配していたのである。

前述のとおり中臈のうち将軍の手がついた者は側室となり男児を産めば「お部屋さま」、女児を産めば「お腹さま」になり、生んだ男児が将軍になれば「将軍御生母」になったが、中臈

であっても将軍の手がつけなければ側室になれず、一定の年齢で大奥を去った。

しかしハクがついて高級旗本などに嫁入りする道があった。その一例が十代将軍家治の中臈だったが将軍の手がつかず大奥を去って、第二の職場である御三卿治済の側室となって家斉を産み、将軍ご生母となってリベンジを果たし絶大な権勢を振うお富の方である。

幕府の表坊主をつとめた竹尾善筑《たけおぜんちく》の随筆『即時考』によれば、

「おとみ殿は容儀かくべつに優れしにもなく青黒く太りて、さまでの風姿にあらず。田沼氏と入魂により御中老（中臈のこと）となる。一橋中納言治斉卿よりかの姉、御所望あり」

とのことである。「蓼食《たでく》う虫も好き好き」で美醜の判断は人により異なるから竹尾善筑の評価がどこまで妥当かは不明ながら、万人が認める美人ではなかったようだ。

田沼意次が意を含めて大奥に送り込んだお富の方は政治的な機略を持っていて、治済はこのあたりに注目したのだろうか。お富の方は家斉を産むと、かつての職場だった大奥に、

「家斉が生まれたとき周囲が明るく照らされ、一羽の鶴が悠々と庭へ舞い降りた」

と、なんともウソくさい奇瑞を吹聴した。こんなウソくさい奇瑞を吹聴したお富の方は、なかなかに頭の回転が良かったようだ。お富の方は息子の家斉を将軍に据えるため、最大実力者田沼意次と連携して最有力候補の松平定信を白河藩主に追い出し、家斉を将軍に押し上げるのである。家斉の父治済は、このお富の方と田沼意次をあやつったのだ。

家斉が大奥とズブズブにはまった将軍になったのは、こういう事情があったからである。

## 庶民女性にとってあこがれの職場だった大奥

部屋子であっても中臈に仕えて運よく将軍の目に留まれば側室になり、子を産んで「お腹さま」に昇格するシンデレラ・ガールも稀《まれ》にはいた。その一例が東京大学の赤門の加賀藩主前田斉泰に輿入した溶姫を産んだお美代の方である。

また部屋子のなかには機転が利き機略に優れたことから、中臈→側室というコースではなく、いきなり上臈御年寄にステップ・アップしてしまうラッキー・ガールも稀ながらいた。これが将軍家斉の乳母を務めた縁で大奥へ入り、部屋子から上臈御年寄へ上り詰めた前述の大崎である。

大奥というピラミッドの底辺を支える下女奉公は、微禄の幕臣や江戸庶民の女性にとってあこがれの職場だった。当時、女性の就職先はあまりなかったし、数年勤めて行儀作法、針仕事、掃除などを身に着けて大奥から退去すれば、

「行儀見習いができた。嫁入り修業ができた」

ということで、幕臣や富農などへの良縁にめぐまれたからである。

そうはいっても在勤中は住み込みの二十四時間勤務で休暇はなく、実家へ里帰りもできない。その代わり母、姉妹や九歳までの男児などとの面会が許されていた。このことは『後閤《こうとう》女房誓詞』（大奥心得のこと）が、

「宿下がりこれなき衆（下女らのこと）は、祖母、母、娘、姉妹、おば、姪、男子は九歳まで

の子、兄弟、甥、孫。この分は呼び寄せ申すべく候。一宿に限るべきこと」と述べている。九歳までの男児は大奥に訪問し一泊することが許されていたのである。

のちに勘定奉行に出世する川路聖謨《としあきら》がまだ微禄の幕臣だったとき、大奥に勤めていた娘の宣《のぶ》が、嘉永四年（一八五一年）六月頃、

「川路の孫の太郎八歳と啓次郎六歳を大奥に来させてほしい」

と頼んだ。宣の部屋で一晩泊まった幼い兄弟は御女中たちの人気をさらった。すると弟の啓次郎六歳は心配になって、兄の太郎に、

「兄さんコンナところに上がって、叱られはすまいか」

と聞いたところ、兄の太郎八歳は、

「あの坊さんが案内するゆえ来たのだから、不都合があるならあの坊さんが縛られるべし」

と平然と答えた。お伽坊主が案内したのだから咎《とが》められて縛《しば》られるのはあの坊さんだ、と言ったのである。これを聞いた御女中たちは大爆笑した。二人は持ちきれないほどのおもちゃやお菓子などをもらった。とくに当時、大奥を取り仕切っていた上臈御年寄の姉小路は、太郎の利発さを気に入り、

「早く大きくなって小納戸役に出世しなさい」

とはげました。小納戸役は将軍の身の回りの世話をする出世コースの要職である。

こののち川路太郎は幕府小姓組、小納戸役になったのち、慶応二年（一八六六年）からにイ

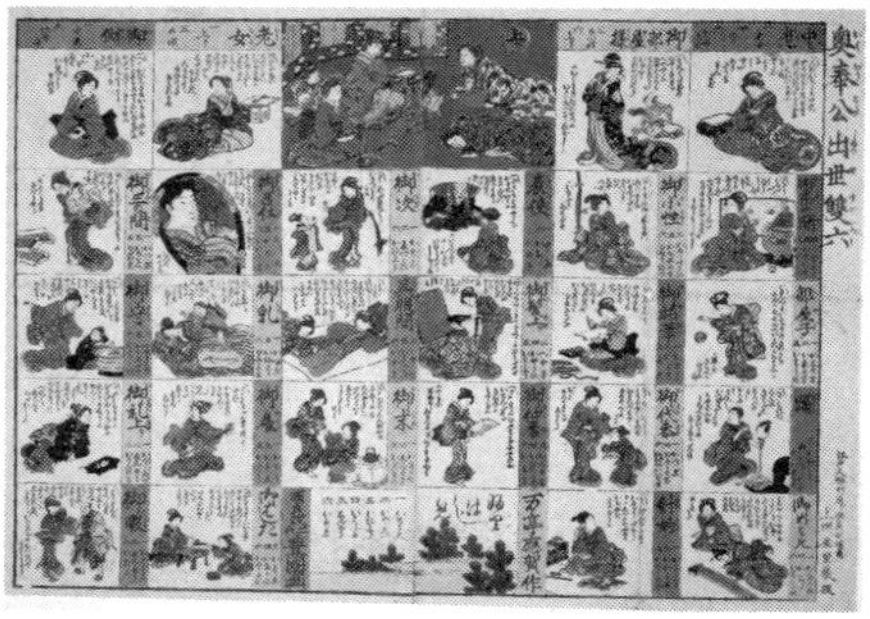
奥奉公出世双六

ギリスへ留学。明治維新後は大蔵省に出仕し、明治九年（一八七六年）に大蔵権少丞になる。上臈御年寄の姉小路の激励は川路太郎を大成させたのである。

姉小路の父は大納言橋本実誠、実誠の息子橋本実久の娘橋本経子が皇女和宮の生母である。姉小路は、文政九年（一八二六年）三月、十七歳で江戸へ下向して大奥に入り、将軍・徳川家斉の娘・和姫付きとなって文政十一年（一八二八年）十月に上臈御年寄へ昇格し、天保七年（一八三六年）九月に姉小路の名を拝領し、権勢を振るうようになった。

厳然たる身分制度があったこの時代、男性は生まれた家柄によって身分が定まってしまうが、庶民女性には大奥へ入って将軍ご生母になれるかもしれないという夢があった。これを描いたのが浮世絵師歌川豊国《うたがわとよくに》らが弘化元年（一八四四年）頃に売り出し人気を博した「奥奉公《おくぼうこう》出世双六《すごろく》」である。

振り出しは力仕事や雑用の「御はした」→「御仲居《なかい》（調理係）」→「御末《すえ》（風呂・台所の水汲みなど）」→「部屋子《へやご》」→「呉服間《ごふくのま》（将軍・御台所の衣装の仕立て・裁縫など）」→「御次《おつぎ》（諸道具の運搬など）」→「中臈」→「御部屋様（将軍の男児を産んだ中臈）」→「上臈御年

寄」で上がりとなる。江戸の庶民女性にとって大奥へ働きに出ることは、夢をつかむ可能性への挑戦だったのである。

## 側室お楽の方が世子敏次郎（のちの第十二代将軍・徳川家慶）を産む

十五歳で将軍になった家斉は、十七歳の寛政元年（一七八九年）二月四日、薩摩藩前藩主・島津重豪《しげひで》の娘・寔子《ただこ》を正室に迎える。

しかしこのときすでに側室お万の方（旗本平塚為喜の娘。契真院）が妊娠しており、翌月の寛政元年三月二十五日に長女・淑姫（尾張徳川家藩主・徳川斉朝に嫁ぐ）を生んだ。江戸庶民はこの事実を落首にして、

「薩摩いも（正室寔子のこと）　ふかす間を　待ちかねて　お饅《まん》（側室お万の方のこと）を食うて　腹はぼてれん（腹がふくらみ妊娠した）」

と囃した。家斉の寵愛を受けたお万の方は、寛政二年（一七九〇年）に二女（第二子）を生むが命名前に死去。寛政四年（一七九二年）に長男（第三子）・竹千代を産むが翌年に夭折。寛政八年（一七九六年）に家斉の三女・綾姫を産むが二年後に夭折した。お万の方が産んだ竹千代が夭折したとき、お万の方を支える御女中たちはおおいに落胆し、

「将来、将軍となるべき竹千代君が夭折したのは、ライバル派閥が呪詛したためだ」

と考え、御台所・寔子やライバルの側室が男児を産まないよう呪詛したり、霊験あらたかな

祈祷僧に高額の謝礼を支払って祈祷を依頼した、とされる。

大奥は女の戦場だったのである。

二人目の男児は、側室お楽の方（幕臣押田敏勝の娘照子。香琳院）が寛政五年五月十四日（一七九三年六月二十二日）に生んだ敏次郎（のちの第十二代将軍・徳川家慶）だった。家慶が将軍世子になり、お楽の方は将軍ご生母として大奥の女中たちから畏敬される。

このあと側室お歌の方（水野忠直の娘。宝池院）が寛政七年（一七九五年）に三男敬之助を産み、敬之助は尾張徳川家藩主徳川宗睦の養子となる。

この翌年の寛政八年（一七九六年）に正室寔子（広大院）が四男・敦之助を産んだが、すでに将軍後継は敏次郎（後の家慶）と定められていたため、敦之助は御三卿の一つ清水家に入った。前述のとおり御三卿といっても家格は田安家、一橋家、清水家の順であるから、清水家から将軍になる道は極めて細い。

本来なら正妻が生んだ男児が後継将軍になるべきであって、側室が生んだ男児は将軍の補欠である。しかし家斉はこの原則を破り、「男児出産順番主義」をとった。後継将軍を絶やさない、という原則に立てば、正妻が男児を生むのを待つことなく、側室が生んだ男児を後継将軍とするなら、後継将軍の確保という大命題への確実なる回答になるからである。

また正室寔子（薩摩の島津重豪の娘）の産んだ敦之助を将軍後継にしなかった理由は、「外様の雄藩である薩摩の島津重豪が外戚となり影響力を及ぼすことを嫌ったため」

という見方もある。そうかもしれない。

しかし家斉は舅《しゅうと》の島津重豪にも相当気をつかった。家斉は作庭が趣味で江戸城に吹上御庭という名園を作り老中や寵臣でも滅多に入れなかったが、島津重豪を文政五年（一八二二年）十月十三日に招いた。このとき家斉は吹上御庭のしつらえを監督し、下賜品をみずから長持ちに詰め込み、各所に名画、色紙、壺、茶器など名品をおしみなく飾り贅沢な食事を供した。将軍家斉は、島津重豪が老人であるため小用が近いことを知ると各所に小用所を設けて恥をかかせないなど、気配りの人だったのである。

## お美代の方と養父中野石翁

前述のとおり加賀藩主前田斉泰に嫁入りした溶姫を産んだのは、側室お美代の方である。お美代の方の父は清水家小姓・内藤造酒允就相《みきのじょうよりすけ》、養父は中野清茂石翁とされるが、実父は仏性寺の役僧で後に下総中山の日蓮宗大本山・中山法華経寺の支院のひとつ智泉院の住職となる祈祷僧の日啓である。お美代はかなりの美貌だっただけでなく頭の回転が速く、話し方が巧みで対応はすばやく人心掌握力にたけていた。

お美代が仏性寺の檀家だった駿河台の旗本中野石翁の屋敷へ奉公に上がったとき、中野石翁はお美代の美貌と才智に目をつけ、

「この娘は使い物になる。大奥へ入れて、将軍の愛妾にすれば自分の出世は間違いない」

と確信し、行儀作法を仕込んだうえ、お美代を自分の養女として大奥に奉公させた。中野石翁が見込んだとおり、お美代は将軍家斉に気にいられ側室となって溶姫、末姫を産み、溶姫は加賀藩主前田斉泰、末姫は広島藩主浅野斉粛へ嫁入りした。お美代はシンデレラ・ガールになったのである。

家斉からの寵愛がとりわけ深かったお美代の方は、ほどなく、家斉がときどき激しい頭痛におそわれたり精神錯乱におちいる原因は、

「家斉が、父治斉に毒殺された徳川家基の怨念にさいなまれているのだ」

と察知した。当時、心理学という学問はなく、お美代の方は心理学を学んだわけでもないのに、幕府最高権力者である将軍家斉の心の闇を見抜き、家斉の心を癒したのである。

その意味でお美代の方はきれい可愛いだけでなく、天性のカウンセリング能力を身に備えていたといえる。お美代の方は将軍家斉の深い心の闇を癒すため、実父で祈祷僧の智泉院住職日啓を江戸城へ呼び入れ、将軍家斉の精神安定を祈祷させた。

そして祈祷僧日啓は、

「家斉様は家基様の死霊に呪われている。江戸城内に家基様を祀る一社を建立すべし」

と託宣した。これを受けた将軍家斉は江戸城内に家基を祀る一社を建立しようとした。しかし寺社奉行が、

「家康を祀る東照宮は日光に、歴代将軍を祀る寛永寺は上野、増上寺は芝にある。家基を祀る

一社は軍事と政治の中心である江戸城内でなく、城外に設営すべし」

と反対した。これは正論である。

家斉はこれを受容し、文政十年（一八二七年）に家基と家斉の木像を智泉院に下付して祈祷させ、さらに翌文政十一年（一八二八年）には中山法華経寺の境内に若宮八幡という社殿を建立して家基の冥福を祈らせたのである。そして普段は外出を許されない多くの大奥御女中衆が智泉院および中山法華経寺の若宮八幡をたびたび参詣に訪れた。智泉院でも、

「大奥からの祈祷の依頼は、高額な謝礼収入が見込める」

と大歓迎し、訪れる大奥御女中衆が高額の祈祷料を持参して何度も再訪するよう若い美僧を揃えて懇切な接待をし、江戸から七里の道を厭わず女乗物が続いた、と伝わる。


お美代が大奥へ上がるにあたり養父となった旗本の中野石翁は小納戸、小姓、小姓頭取、小納戸頭取と一貫して家斉の身の回りの世話をする役職をつとめて栄華を極めた。中野石翁に依頼すればお美代の方を通じて将軍家斉によりすべて実現するから、中野石翁が隅田川沿いの向島に設けた豪奢な別邸には諸大名、幕臣、商人らが金品を携え陳情に訪れた。

家斉は女色に溺れたが、中野石翁は女性に対する関心がまったくなかった。

中野石翁の向島の別邸は武家の住まいなのに鎧兜や刀剣などは無く、雛人形が飾ってあった。中野石翁は女性を忌み嫌って邸内に一人も女性の姿は無く、居るのは男性のみで多くは少年

だった。このことについて井関隆子（納戸組頭・井関親興の妻）は、

「この翁、いかなるかに女を忌み嫌いて、かたえに仕える人どもは皆男のみ。さては童どもなりとぞ」

と記している。また松浦静山（平戸藩主。随筆集『甲子夜話』を著す）は、

「この翁の隠宅とて墨川（隅田川のこと）の辺に構う。予もしばしば訪うに、豪奢を極む。しかるに満堂奥窩《おくが》一人の婦人有るを見ず。この翁、幼少のとき老女衆の部屋子として十歳のときまで大奥の部屋にて盛長せり。よって婦業に練達せり。なるほど雛人形などつねに座右にありて、玩弄《がんろう》の品ほとんど婦女に類せり」（『甲子夜話』）

と記している。

前述のとおり大奥へは九歳までの男児は一泊が許されていたが、どういうわけか石翁は大奥に入り込んで十歳頃まで住み込み、他の女児らと一緒に高級女中の身の回りの世話をする部屋子として暮らしていたから、心はすっかり少女のままだった、というのである。

たしかに男児というものは幼少時に、

「男なんだから、めそめそ泣いたりしないで、しっかりしなさい」

みたいなことを言われて、

「どうして女の子はちやほや甘やかされるのに、男の子は理不尽にも厳しく扱われるのか」

と半信半疑なうち、声変りを経験するなどして男性であることの自覚に至る。

ところが中野石翁は十歳まで大奥の高級女中の部屋子として女児らと一緒に住み込んで、高級女中の身の回りの世話をして働いていて、

「お前が大奥に居られるのは、女の子だからなんだよ。女の子らしくふるまいなさい」

と言われ続けていれば、そうなるのも無理なかったかもしれない。

ふつう男児であれば、同年代の男児と取っ組み合いの喧嘩などをして、

「負けたくない。なんとしても勝たなければならない」

と考え柔道・剣道などに関心を持ったり、五月の端午の節句には鎧兜を飾ったり武将の武勇伝に興味を持ったりして、槍一筋を頼りに一国一城の主《あるじ》を目指したりする。

ところが女児として大奥で育った中野石翁が目指した出世の形は、

「側室候補である中臈を抱え、生まれた男児が将軍になり、強大な権勢を誇る上臈御年寄」

だったようだ。この中野石翁が抱えた中臈が、お美代の方だったのである。

こうして大奥の願い事は、石翁を通じて家斉に請願すれば何でもかなうようになった。

## 将軍家斉は家臣団との融和に努める

浜御殿（今の浜離宮恩賜庭園）は江戸湾から海水を取り入れ潮の干満で景色の変化を楽しむ潮入りの回遊式築山泉水庭で、五代将軍綱吉が作庭（諸説あり）した、とされる。

家斉は浜御殿を好んで足しげく訪れ、鴨場での放鷹などを楽しんだ。浜御殿は将軍の迎賓館

という性格をもち、京都から来訪した公卿衆の饗宴にも用いられ、海のない京都から来た賓客から喜ばれた、という。このほか幕臣らとの遊興の場でもあった。

寺社奉行脇坂安董《やすただ》が天保五年（一八三四年）八月二十三日に「お庭拝見」で浜御殿に招待されたとき、脇坂らが釣り糸をたれていると家斉がやってきて、

「サヨリはくちばしが尖っていて釣りにくいから、大物を狙うようにしろ」

とみずからコツを伝授し、あれこれ世話を焼く。魚が釣れると注進番が一匹ずつ籠に入れて家斉に披露する。すると家斉は、

「おおやったか。やったか」

と相好を崩した。また家斉が、

「気に入った植木があれば庭から勝手に抜き取ってよいぞ」

と言うから、脇坂らが抜き取った苗木を懐紙にくるんで接待役に渡すと、帰り際には鉢植えのお土産になって渡された。ご馳走も豪華でアワビの土佐煮、小鯛の浜焼き、茄子《なす》の輪切り、大根の粕漬け、丸形のはんぺん、葛練り等。帰りには持ち帰りのため二尺（約六十センチ）の岡持ちに寿司、煮物、菓子、カステラ、寿司饅頭、すだれ蒲鉾、サワラの照り焼き、焼きアユ、クルマエビ、卵焼き、アワビなどがぎっしり詰められたうえ、酒、梅酒が入っていた。梅酒は酒の飲めない下戸《げこ》に配慮したものである。

招待された家臣団はこの気配りに感激した。江戸城の大広間での儀礼では大大名でも家斉の

座る上段からかなり離れていて下段で平伏し、顔をあげて家斉の顔を見ることはできない。しかるに浜御殿に招待されればこの近さなのだ。これが家斉の融和策だった。


前述のとおり定信は、将軍家斉に『御心得十五カ条』を呈上し第十二条で、

「歴史書をよく読まないと古今の時世と人情に暗くなる」

と述べ、歴史書をよく読むように忠言した。定信の考えによれば朱子学とは、

「君、君足らずとも、臣、臣たるべし」

と家臣が将軍に絶対忠誠を誓う教義《イデオロギー》にすぎないのであって、トップに立つ将軍には儒教ではなく、帝王学として歴史を学ぶよう要求したのである。

この影響なのか将軍家斉は朝餉《あさげ》のとき、側近らに『家忠日記』や『甲陽軍艦』などの歴史書を読ませた。とくに『三国志』など軍記物を好み、五代将軍綱吉のように儒教に親しむことはなかった。三国志が好きだった家斉は、紺地に金泥で諸葛孔明《しょかつこうめい》の像を描いて吹上御庭の瀧見の茶屋にかけておいた。ある散策のとき、これを眺めてため息をつき、

「今はなぜ、諸葛孔明のような立派な家臣がいないのだろうか？」

とつぶやいた。これを聞いたお側の者が真っ青になると、家斉はにっこり笑って、

「それはそうだな。上に劉備《りゅうび》玄徳《げんとく》のような名君がいないのだからな」

と言った。鎌倉、足利、徳川と何人もの将軍がいるが、こんな自虐ギャグを飛ばした将軍は

家斉くらいだったであろう。

今の大相撲の原型を作ったのは家斉である。寛政三年（一七九一年）、家斉は江戸城吹上御庭で上覧相撲に臨んだ。力士の谷風梶之助と小野川喜三郎が白い綱に紙を垂らして土俵入りをした。これが天下公認の横綱土俵入りの始まりである。結びの一番に勝った谷風は褒美に弓を与えられ、弓を誇らしげに高く掲げたことが弓取式の始まり、とされる。

そもそも相撲は古代から伝わる神事だったが、江戸時代初期に江戸の町づくりをする際、寺社を建立する必要資金を集める興行として「勧進相撲」が許され、最初は寛永元年（一六二四年）に四谷長禅寺で行われた。しかし浪人、侠客ら乱暴者が出入りするようになり、勝敗をめぐって喧嘩が絶えず、幕府は慶安元年（一六四八年）に勧進相撲を禁止した。

ところが明暦三年（一六五七年）の「明暦の大火」で多くの寺社が焼失したので寺社再建が急務となり、また職にあぶれた力自慢を力士として処遇するため、貞享元年（一六八四年）、寺社奉行の管轄下で勧進相撲の興行を許可。火災焼失からの復興を急いでいた江戸深川の富岡八幡宮や本所杉山神社、蔵前八幡、芝神明社などの境内で不定期に興行された。

今でも番付の中央に「蒙御免《ごめんこうむる》」と記してあるのは「寺社奉行の許可を得た興行である」と公示した名残である。

# 第三章　松平定信の「寛政の改革」

## 天明の大飢饉

前述のとおり前将軍家治が天明六年（一七八六年）八月二十五日に死去すると、田沼意次は二日後の八月二十七日に老中を解任され、家斉は諸行事を終えて天明七年四月に将軍になった。

そして白河藩主松平定信が天明七年六月十九日に首席老中になり、官位は侍従になった。田沼意次が辞任してから定信が老中に就任するまで約十カ月を要した理由は、老中田沼意次が去ったのちも幕閣の中枢は田沼派の老中水野忠友（沼津藩主。田沼意次の四男・意正を養子に迎えた田沼派の中心人物）や松平康福《やすよし》（娘が田沼意知の正室）らが押さえており、さらに大奥の上臈御年寄の高岳と滝川が田沼派と連携して定信の老中就任に反対し、邪魔をしていたからである。

天明の大飢饉は猛威をふるい、天明六年の全国の収穫は平年の三分の一となり、全国各地で百姓一揆や打ちこわしが激発した。江戸では天明七年五月二十日夜から「打ちこわし」が始まり、米の買占め売り惜しみをおこなっていた多くの米屋や富商が襲われ、幕府に衝撃を与えた。しかるに田沼系の幕閣らはなんらなすすべなく、右往左往するだけだった。

かかるなか定信は、御三家（尾張、紀州、水戸）の推挙も得て、将軍家斉のもとで首席老中に抜擢されたのである。

しかし幕閣の中枢は田沼派のサブ・リーダー老中水野忠友や松平康福が握っていたから、定信は首席老中になったものの、手足をもがれたダルマのように身動きできなかった。そこで定信は、天明七年九月十五日、水戸藩主徳川治保《はるもり》に手紙で支援を願い、

「幕府の財政状態は極めて悪化し、人心は幕府から離れ、幕府の綱紀は緩んでしまった。貨幣と米穀をコントロールする力は、商人に握られてしまった。幕府の権威は地に落ち、危機的状況にある。自分は捨て身の覚悟で取り組むので、どうか支援してほしい」

と述べた。

首席老中といっても老中をとりまとめる座長に過ぎず、他の老中に対して圧倒的な指導力を発揮することはできない。だから首席老中松平定信は将軍代行役の兼務を望んだのである。こうして定信は御三家の口添えで天明八年（一七八八年）三月四日に「将軍補佐（諸事御政務御輔佐）」に任じられると、田沼派の有力者・老中水野忠友を天明八年三月二十八日に、松平康福を同年四月三日に解任。後任として定信派の松平信《のぶ》明《あきら》（三河吉田藩主）を同年四月四日に、戸田氏教《うじのり》（美濃大垣藩主）を同年十一月十六日に老中に任じて、幕閣を定信派により固めた。

松平定信

このの ち寛政三年(一七九一年)六月頃、江戸の治安は極度に悪化し、盗賊が横行して一年間に五十余カ所が盗みに入られた。一晩に二、三カ所に入られたこともあった。毎夜のように深夜になると半鐘が鳴り響き、拍子木が打ち続けられ、

「盗賊は町屋だけでなく、旗本・御家人の屋敷へも押し入ったそうだ。盗賊の一味には旗本も加わっているらしい」

などの噂が公然と流布。本来は治安維持にあたるべき江戸町奉行所は怖気づいて動かず、盗賊の統領・大松五郎を捕らえたのは「鬼の平蔵」こと火盗改役・長谷川平蔵だった。

「盗賊の一味に旗本も加わり、屋敷に押し入られた旗本らは抵抗もせず金品を奪われた」

との噂がどこまで真実か不明ながら、誰もがこの噂を信じるほど士道は退廃していた。

徳川時代は士農工商といって、武家が最高位で、商人は最下位だったはずだ。

しかるにこの頃、江戸ではばを効かせていたのは、「札差」と呼ばれる高利貸と、かつては「河原乞食」とよばれた歌舞伎役者だった。そして幕府がお触《ふ》れを下しても、江戸庶民は幕府のお触れを守ろうとせず、文句を言うばかりだった。

このことについて定信は、天明七年六月意見書において、

「お触れが出ても、人々(江戸庶民)は用い申さず。かえって誹謗《ひぼう》を生じ候」

と嘆いている。無理もない。貧乏御家人のなかには武士の魂ともいうべき刀を借金の形に質に入れて失い、家をとられ、丸腰となって住所不定でうろつくぶざまな者も少なくなかったの

だ。「借金しても返せず返済猶予を願う」となれば、借り手は貸し手に平身低頭せねばならない。困窮した武士が札差に平身低頭する姿を江戸庶民は見てしまったのだから、武士の権威は保てない。このことについて老中戸田氏教は、

「年来の武家困窮にて、町屋の富豪なる者、勢いを振るい候。（武家の）廉恥《れんち》・義気《ぎき》も衰え候こと、毎度ながら嘆息つかまつり候」

と嘆いている。

盗賊・大松五郎に怯《おび》えるほど廉恥・義気が衰えた旗本・御家人を励まし、士道を復活させるにはどうすればよいか。人材発掘に悩む定信は、

「山陰《やまかげ》に　賢き人のあるならば　鳴いても告げよ　谷のうぐいす」

と詠《よ》み、士道を復活させ人材を発掘するため文武を奨励することとした。

「文」の奨励については湯島聖堂を再興して旗本・御家人らに朱子学を学ばせ、「学問吟味《がくもんぎんみ》」という理解度テストを行い、成績優秀者を幕府官僚に登用する道を開いた。この「文」の奨励は、こののち明治期の発展や昭和後期の高度成長をもたらす。

「武」については将軍の前で武術を披露する武術上覧を挙行し、卓越した者を表彰した。

## 湯島聖堂における「学問吟味」による人材登用

多くの人が「儒教が家康以来の幕藩体制を支えた」と考えているが、わが国で儒教が尊重さ

れたのは五代将軍綱吉〜七代将軍家継の頃までで、八代将軍吉宗の頃になると実学が重視され儒教はすたれてしまった。このの ち田沼意次が登場するとカネ・カネ・カネの世の中になって儒教はさびれ、林羅山《はやしらざん》が建てた「湯島聖堂」は取り壊されそうになった。

儒学には朱子学のほか陽明学（熊沢蕃山《ばんざん》）、古学（伊藤仁斎、山鹿素行《やまがそこう》、荻生徂徠《おぎゅうそらい》）など様々な流派があるが、定信の目的は朱子学を幕府の正学として、成績優秀者を幕府官僚に登用することだった。だから定信は、

「朱子学は農本主義的で上下の権力秩序を重視し、幕藩体制の維持に有益である。一方、陽明学や古学は、秩序を崩し幕藩体制を破壊する危険性をはらんでいる」

と判断し、林羅山の子孫である大学頭《だいがくのかみ》林信敬《のぶたか》に、寛政二年（一七九〇年）五月、「湯島聖堂では、朱子学のみを教授するよう」

通達した。これを「寛政異学《かんせいいがく》の禁」という。そして寛政三博士（柴野栗山《りつざん》・尾藤二洲・岡田寒泉）を幕府儒官に任じて朱子学の講義を行わせた。

このの ち旗本・御家人の次男三男で家督を継げなかった者や微禄の幕臣の中から有能な者を幕府役人に登用して優秀な幕府官僚群を形成する目的で、「学問吟味」を寛政四年（一七九二年）九月から慶応四年（一八六八年）までに計十九回実施した。合格者九百五十四人の中には近藤重蔵、太田南畝《なんぽ》（別号、蜀山人。本名、直次郎）らがいる。

近藤重蔵は御先手組与力・近藤右膳守知の三男として生まれ、幼少の頃から神童と呼ばれ寛

政六年の学問吟味に合格し、こののち蝦夷《えぞ》地の調査などに足跡を残す。

大田南畝は幼少より頭脳明晰だったが御徒という下級武士だったから出世の見込みはなく、出版業・蔦屋重三郎を版元として黄表紙『嘘言八百万八伝』を出版したり、田沼派の幕臣たちと交際し、さかんに吉原にも通って吉原・松葉屋の遊女三保崎を身請けするなど自堕落な生活を送っていた。しかし松平定信が天明七年（一七八七年）に「寛政の改革」を始めると、仲間の田村派の幕臣らは悉く粛清され、版元の重三郎も罰せられた。これに不満を持った狂歌師大田南畝は、寛政三年（一七九一年）四月頃、寛政の改革について、

「世の中に　蚊ほどうるさきものはなし　ぶんぶぶんぶ（文武々々）で　夜も寝られず」

という政治批判の狂歌を作った。これを咎めた組頭の尋問に対して、大田南畝は、

「所存なくつい口に出たのである。しいて言うなら天が私の口を通じて語ったのだろう」

ととぼけたので、同座の一同、腹を抱えて笑ってしまい一件落着になってしまった。

かかるなか学問吟味が行われると、大田南畝は一念発起して受験し、寛政六年（一七九四年）の首席合格となった。大田南畝は「文武々々で夜も寝られず」とふてくされていたのだが、結局、まじめな幕府官僚として生きる道を選択したのである。

世間は狂歌師で自堕落な南畝は出世できないとみていたが、南畝は寛政八年（一七九六年）には支配勘定に任用され、寛政十二年（一八〇〇年）に御勘定所諸帳面取調御用《ごかんじょうしょ》を命ぜられた。これは江戸城内の竹橋の倉庫に保管されていた勘定所の書類を整理する役目で、整理して

も次から次に出てくる書類の山に、南畝は、

「五月雨の　日も竹橋の　反故《ほご》しらべ　今日も古（雨が降る）帳　あすも古帳」

と詠んでいる。こののち南畝は大坂銅座、長崎奉行所などで勤務し、文政六年（一八二三年）に七十五歳で死去する。その辞世は、次のようなものである。

「今までは　他人《ひと》のことだと　思ふたに　俺が死ぬとは　こいつはたまらん」


儒学者林羅山の子孫である大学頭林信敬が寛政五年（一七九三年）四月に病死すると、定信は譜代大名の美濃国岩村藩主三万石松平乗蘊《のりもり》の三男・松平乗衡《のりひら》（林述斎となり、林家中興の祖となる）を林家の養子として送り込み、林家の私塾だった湯島聖堂は幕府の官学へ色彩を強めた。この方針は同年七月に定信が老中を辞任した後も継承され、湯島聖堂は寛政九年（一七九七年）に幕府直轄の「昌平坂学問所」へ衣替えし、二年後の寛政十一年（一七九九年）に建物の大改築が完成し、敷地面積は一万六千坪余へ拡張され、幕府直轄の学校となった。こののち昌平坂学問所は幕府天文方の流れを汲む開成所、幕府種痘所の流れを汲む医学所などを吸収した幕府の総合教育研究機関となり、明治新政府に引き継がれて、のちの東京大学へ展開していく。

## 洋学への強い関心

松平定信は朱子学を幕府の正学と定めたが、和魂洋才・実学重視ということで、砲術や柔術や蘭学にも深い関心を示した。

定信は砲術については三木流、荻野流、中島流、渡部流の四流を学んで全ての皆伝を得て、さらに多くの砲術流派を研究し、文化年間にみずから御家流砲術を立て、寛政三年（一七九一年）九月には長崎に砲術稽古場を、寛政四年（一七九二年）七月には江戸郊外の徳丸ケ原に大筒稽古場を設けた。また柔術を起倒流柔術の名人鈴木清兵衛に習って高弟となり、次男の真田幸貫（のちに松代藩真田家の養子となる）や家臣にも柔術を習わせた。

定信は蘭学に強い関心を示し、寛政元年（一七八九年）にはロシアの情報を得るため「ニューウェ・アトラス」という地図を入手してオランダ通詞の本木良永《よしなが》に訳させている。寛政四年には元オランダ通詞である石井庄助を召し抱えて『蘭仏辞典』を訳させた。これをもとに日本最初の蘭日辞典である『ハルマ和解』がつくられる。定信は石井に、収集した蘭書から軍事関係の事項を抜粋して和訳した『遠西軍書考』を編纂させる。自然科学についての関心も深く、寛政五年にはガラス製の空気ポンプを作って鳥などを入れ、空気を出し入れすることで生き物にとって空気が不可欠であることを証明する実験を行っている。

## 棄捐令《きえんれい》

定信は衰えた士道を復活させるため、旗本・御家人に文武を奨励した。

これは方向性として正しいし、長期計画としても正しい。しかし即効性に欠ける。

腰の刀や住家を失った御家人までいるのだから、劇薬であっても、即効性のある対策が必要である。そこで困窮する旗本・御家人を救済するため二年前の寛政元年（一七八九年）に「棄捐令」を下した。札差に対して六年以上前の債権を破棄させ、それ以降の借金には利子の引き下げを命じた。六年以上前の債権を破棄させたのは、

「高い利子や遅延損害金の支払いにより、元本は実質上すべて回収済み」

と判断したためである。

実施時期は、棄捐令の反動による貸し渋りで旗本・御家人が困窮しないよう、冬服の取替が終わった九月となった。幕府は棄捐令を発布するとき零細な札差に総額二万両を与えて補填したので、貸し渋りは沈静化し、旗本・御家人は無事に年を越すことができた。

棄捐令による棄捐金額は百十八万両の巨額に上った。これは「借金踏み倒し」である。しかしもう一歩踏み込んで見るなら、棄捐令は札差の暴利を召し上げて貧乏御家人らに再配分するための「究極の累進課税」だったであろう。そもそも財政再建という難問は、累進課税によって所得の再配分を行わない限り、成就しないのである。

## 外患を警戒した「寛政の改革」の基本理念

定信は老中就任直後の天明七年（一七八七年）六月、同僚に示した施政方針で、「天明三年から凶作が続いて民衆が困窮していたうえ、今年も米が不足したため、世情が不穏になった。幕府は十年前から郷蔵にたくわえるべき米を金銭に代えていたから、金銭で米を買おうとしても米価が高騰して充分には入手できない。だから飢饉の際の米が足らず、非常時の備えが不充分になった。こののち飢饉がさらに悪化すれば、人心はいっそう不穏になり、外国がそれに乗じて松前、長崎、対馬あたりで事を起こしかねない」

と述べた。ここで最も重要なことは、

「飢饉により人心が不穏になれば、列強が松前、長崎、対馬あたりで事を起こしかねない」

ということである。

後述するが松前には寛政五年（一七九三年）にロシア使節ラックスマンが訪れ、長崎には文化元年（一八〇四年）にロシア使節レザノフが訪れて悶着《もんちゃく》が生じ、文化五年（一八〇八年）にはイギリスの軍艦「フェートン号」が長崎湾へ強行侵入して長崎奉行松平康英《やすひで》が自刃する「フェートン号事件」が起きる。さらに文久元年（一八六一年）にはロシア軍艦「ポサドニック号」が対馬に上陸して安五郎という農民を殺し対馬を占拠（「対馬事件」）した。定信は天明年間に、こういう近未来を予測したのである。

こうした西欧列強の外患を未然に防ぐには、国内の体制を安定させておかねばならない。

「寛政の改革」の真の目的は、西欧列強の侵略を防ぐため、内実を整えることだったのだ。

前述のとおり定信は家斉より血筋、家格、能力とも最も将軍に近く後継将軍の最短距離にいたのに、家斉の父一橋治済と田沼意次の策謀によって白河藩主へ追い出されてしまった。定信は残念だっただろうけれども、白河藩主として実際の藩政を切り盛りしたことが、のちに「寛政の改革」を成功させる地力となった。定信は白河藩主になったとき、

「白河藩は北方鎮護の任務を担っている。外様大名の反乱に備えるのは当然だが、欧米列強が民衆蜂起に乗じて日本を攻め込んできたら困る。例えばロシアが奥羽地方を分捕るため、飢饉に苦しむ奥羽農民を使嗾《しそう》して内乱でも起こさせ武力侵攻してきたら危険である」

と考え白河藩の藩政改革を行った。すなわち定信が国防と内政を一体のものと考え、

「飢饉が悪化すれば列強が松前、長崎、対馬あたりでことを起こしかねない」

と着想したのは、白河藩の運営を通じて感得したのである。「人間万事、塞翁が馬」という言葉は、将軍になれなかった松平定信にもあてはまるであろう。

かつて寛永十四年（一六三七年）、飢餓に苦しむ島原のキリシタン農民がポルトガル軍の来援を期待して「島原の乱」という内乱を起こした。定信は、このように飢餓農民が海外列強を手引きすることを警戒した。すなわち定信の「寛政の改革」とは、西欧列強に侵略されぬよう民生を安定させて日本の独立を守ることだったのである。

白河藩も天明三年（一七八三年）八月頃、「天明の大飢饉」の直撃を受け藩士への俸禄の支給が遅延する事態となった。周辺の東北諸藩はいずれも凶作なのだから、近隣から米を買うことはできない。このとき白河藩主松平定邦は養子に迎えた定信の助言により、被害が少なかった越後から米を輸送させるとともに、会津藩に願い出て会津藩の備蓄米六千俵を白河へ移送してもらった。さらに西国や上方から米を調達して苦境を脱し、餓死者をださなかった。

こうした実績を上げた定信は、同年十月に家督を相続して白河藩主として藩政の建て直しに取り組んだ。白河藩主としての定信の名君ぶりを見た近隣の陸奥泉藩（現在の福島県いわき市にあった）一万五千石の藩主本多忠籌《ただかず》は定信に、

「白河藩の飢餓対策は他に類を見ないほど適切だった。飢餓民救済の政策を学びたい」

という手紙を送り、定信の指導を受けて泉藩の藩政改革に取り組んだ。

## 松平定信の『物価論』

定信は首席老中に就任して間もない寛政元年（一七八九年）に、『物価論』を著し、「諸物価が高騰する原因は、生産が減少し、消費が増加しているからである。とくに食糧である米の生産が停滞し米価が上昇したことが諸物価高騰に波及した。米の生産が停滞したのは、農民が高収入を見込める商品作物へ転作したり、『年貢が重いからやってられない』と耕作を放棄して都市へ流出し、農民人口が減り、作付け面積が減少したからである。米が酒造に転用

され、庶民の口に入らなくなったこともある。さらに米屋や富商が先行きの米価高騰を読んで『買占め売り惜しみ』を行っていることが、拍車をかけている」

と述べた。「寛政の改革」は、こうした認識に基づいて行われるのである。

近代経済学は「パイの拡大を目指すマクロ経済学」と「配分の適正を目指すミクロ経済学」に大別され、マクロ経済学は「成長の理論」とか「景気循環論」とよばれている。ミクロ経済学は「価格の理論」とよばれる。定信の『物価論』は、

「ミクロ経済学の分野に限り、幕藩体制は米の生産量を石高とする経済だった」

という前提に立つなら、今日の近代経済学においても秀逸な論文といえるであろう。

定信は天明の大飢饉に際し白河藩の藩政の建て直しの手腕を認められ首席老中に抜擢された。普通なら飢餓の凶年に為政にあたるのは「貧乏くじ」のように考えるが、定信は、

「天が自分定信の政治力量を試し腕前を示す好機を与えたのだ。自分は朝起きれば政事のことを思い食事も忘れ、夜半まで寝ずに『国や安かれ』とのみ考え、心を尽くした」

と自著『宇下人言』に記している。

そして松平定信は文化四年（一八〇七年）二月、死後も日本を守るという宿願により、

「自分の戒名を『守国院殿』とするよう」

遺言した。結局、定信の戒名は「守国院殿崇蓮社天誉保徳楽翁大居士」となる。

## 田沼意次の商業資本重視政策の陥穽《かんせい》

幕藩体制の危機というべき「天明の大飢饉」と「天明の打ちこわし」は、田沼意次の商業資本重視政策が許容しうる限界を超えたことから発生した。そもそも商業生産性の方が農業生産性より高いから、自由経済にすれば都市は富裕化し農村は疲弊し、農民は農村を捨て都市へ流入しがちである。こうしたなかひとたび天候不順に見舞われ凶作になれば、食糧不足が許容限度を超えて食糧危機が深刻化し、農村では百姓一揆が、都市では打ちこわしや犯罪が頻発する。これに加えて田沼意次は商業資本重視政策のアクセルを一杯に踏み込んだから、この危機的な矛盾が破断界に達したのである。

幕府は農民に年貢を課し、年貢収入が幕府財政を支えている。しかるに天候不順による凶作で天明の大飢饉となって、多くの農民が、

「大飢饉で自分たちは飢え死に寸前だ。年貢を納めるどころではない」

と耕作を放棄し、都市へ流出してしまった。放置された田畑は荒地となり、農業人口の減少により、農業生産高の減少が加速した。こうして年貢収入で賄われている幕府の財政基盤が崩壊したのである。

離村して都市へ流入した大量の貧農は零細商人、零細職人、芸能民、浮浪者、無宿人、博徒、渡世人などになって膨大な都市貧民層を形成し、打ちこわしに走った。前述のとおり幕府は十年前から郷蔵にたくわえるべき米を金銭《カネ》に代えていたから、金銭《カネ》で米を買おうとしても米価が

高騰して充分に入手できず、飢饉の際の米が足らないのだ。こうして社会秩序が崩壊した。

この課題は定信の寛政年間に限ったことではなく、現代の令和においても相変わらず内包する問題である。もちろん今日では自国が凶作で食料不足になっても、農業生産国から食料を緊急輸入することができる。しかし農業生産国が軍事的・政治的な理由で農産物輸出を制限したり、地球温暖化・地球熱帯化による全世界的な異常気象により世界中が凶作になったら、食糧自給率の低い国はいくら金銭《カネ》があっても飢餓に苦しむであろう。

天明年間のこのときも同様で、天候不順で大飢饉が発生し、年貢を納めるべき農民が離村して都市へ流出したので、年貢収入が激減して幕府財政が窮迫し、幕府は何の対策も打てない。農村では年貢の軽減を求めて百姓一揆が頻発し、都市では食糧危機が深刻化し「打ちこわし」が発生した。この悪循環から脱出しなければ、徳川幕藩体制は瓦解する。

そしてこののち徳川政権は紆余曲折をたどりながら、この悪循環から脱出できず、慶応三年（一八六七年）に至って終焉を迎えるのである。

## 定信の農村保護政策

定信は百姓一揆や打ちこわしが二度と起きないように、祖父吉宗の「享保の改革」を手本として、天明七年（一七八七年）から「寛政の改革」に取り組んだ。田沼意次のときは商業資本を重視した自由主義経済により経済発展を遂げたが貧富の差が拡大し、農村は豪農になる地主層と没落して小作人になる者とに分化して疲弊し、小作人は地主と対立したり、耕作を放棄して都市へ流出したりした。このことが天明の大飢饉の遠因となった。

これまで幕府の農村政策は、

「百姓は生かさぬよう、殺さぬよう」

という収奪一辺倒だった。しかし定信の「寛政の改革」では大規模な社会政策へ転換し、

「経世済民（世を経綸し人民を救うという意味）の思想」

にもとづき、農民収奪政策から農村保護政策へ大転換したうえ、自作農の再建を進め、

「天候不順に耐えて農業生産高を維持するため、離村農民を農村へ戻して農業人口を確保し、小規模自作農の再建により耕地面積を回復し、荒廃した農村を復興させる。飢饉による年貢収入の減少を防ぎ、百姓一揆や打ちこわしの再発を未然に防止し社会を安定させる」

こととした。この自作農を中核とする農村保護政策は、今日にも通用する思想である。

定信は農業人口を確保するため、離村農民の多い北関東や奥羽の農民に他国への出稼ぎを禁止する「他国出稼禁止令」を下し、さらに寛政二年（一七九〇年）離村農民を農村へ戻すべく「旧里帰農令《きゅうりきのうれい》」を下して、江戸へ流入したものの正業につけず帰村を望む離村農民に帰郷の資金を与えて帰農を促した。

また農村人口を増やすため、間引きを禁止するとともに、赤子養育金を支給した。

このほか荒廃した農村を復興させるため全国で「公金貸し付け」を行い、いったん離村した

が帰農した者に農具や籾《もみ》を貸与したり、荒れた田畑を復旧させたり、農業用水路を整備するなどの資金にあて、貸付残高は寛政十二年（一八〇〇年）には約百五十万両に及んだ。

こうした農村復興を実現するため無能な代官四十四人を解任し、新たに清廉潔白で有能な代官を任命。陸奥の代官寺西重次郎、常陸の代官岡田清助など名代官が各地に誕生した。

陸奥塙（福島県東白川郡塙町）の代官寺西重次郎は、幼児養育金を与えるとともに間引きを禁止し、江戸伝馬町の入牢者のうち軽罪の者を引き受けて農業に従事させたり川越の遊女を村民の妻に迎えたりして農民人口の減少に歯止めをかけ、農業用水路の開削などにより農業生産高を維持した。名代官寺西は地元民衆の手により寺西大明神が建立された。

街道筋の農村（助郷村）には助郷《すけごう》といって、大名行列などが通るとき無償で人馬を提供する義務（助郷役）が課されていた。しかし江戸中期になると経済の発達により通行量と輸送量が激増したので助郷の負担が重くなり農民生活を圧迫した。そこで規定を超えたら料金を支払うこととして助郷役の軽減を図り、農村の負担を軽減させた。

### 社倉・義倉・囲米

定信は凶作の際の都市住民の飢餓対策にも取り組んだ。幕府や諸大名は軍事用の兵糧米を備蓄しており、飢饉の際はこの城詰米が武士階級には支給されたが、農民・町人には行き届かなかった。そこで定信は、今後の飢饉に備えるため社倉・義倉・常平倉（三倉という）を築いて米穀を備蓄するよう命じた。この総称を囲米という。社倉は民衆が提出した米穀を備蓄したもので、義倉は富裕者が慈善として提供した米穀を備蓄したもの、常平倉は幕府代官や各藩主が農民・町人の飢饉救済のため米穀を備蓄したものである。

## 七分積金

寛政の改革で、定信は江戸の各町に「七分積金《しちぶつみきん》」を命じた。

江戸では防火（手桶・水桶・火の見やぐら・梯子などの整備）、上下水道（上水樋・枡・下水道の保全）、祭礼、治安（木戸番の費用）・普請（橋などの修繕費用）など町の運営に必要な公共経費を町費といい、地主や家主が負担していた。この町費を節約させて七割を積み立てさせ、浅草に設立した江戸町会所に米などをたくわえさせ飢饉、災害などの際に放出して困窮民の救済にあてた。こうして困窮民が打ちこわしなどに走ることを未然に防止する体制を整えた。「七分積金」は、農村での社倉・義倉などと同様の発想である。

定信は凶作や凶事に備えて食糧や金員を備蓄することについて、「国に九年の貯え無くば『不足』という、六年の貯え無くば『急』という、三年の貯えなくば『国に非ず』という」

と強烈な危機認識を述べている。

幕府は財政難にもかかわらず七分積金を厳格に運用したので明治維新のとき総額一七〇万両

の余剰金があり、明治五年（一八七二年）に東京養育院（院長渋沢栄一。日本初の社会事業施設）が、明治八年（一八七五年）に商法講習所（一橋大学の前身）が設立される。

## 人足寄場

今後、再び打ちこわしや凶悪犯罪が起きないように江戸石川島に「人足寄場」を設置し、犯罪予備群となりそうな無宿人や浮浪者を事前に収容して大工、左官、髪結、縄細工、草履製造、紙漉き、屋根修理業、竹傘作りなど職業訓練を行い、悪の道に走らないようにした。休業日には人格者による訓話を聞かせ、出所時には貯えた労賃を与えて創業資金に充当させた。これは凶悪犯摘発の任にあたる火付盗賊改・長谷川平蔵の上申を松平定信が採用したもので、犯罪者に懲役を科して手に職をつけさせ更生させる近代刑法の思想を先取りしたものである。人足寄場における職業訓練によって無宿人は減り、犯罪も減少した。

## 貧窮化する農村VS富裕化する都市

そもそも農業生産性に比べて商業生産性の方が高いから、自由経済にすれば都市は富裕化して農村は疲弊し、農民は農村を捨てて都市へ流入しがちである。だから定信は都市の富裕化を抑制して、農村VS都市の貧富の差を縮小しようとし、『宇下人言』のなかで、「倹約令や風俗統制令を下して江戸の景気が悪化すれば、『都市へ出ても飯が食えない』ということで離村農民が帰村するだろう。帰農者が増えれば、農村人口が増え、荒れた田畑が復興して農業生産量が増加する。こうして生産と消費の均衡が成立し、物価が安定する」

との「分析と対策」を述べている。

田沼意次のときは武士道が退廃して風紀が乱れ、徳川政権中枢の御三家などから、

「田沼時代は賄賂主義が跋扈し、カネ・カネ・カネの世の中で、武士道が衰退した」

という厳しい批判があり定信の登場が促された。これを踏まえて定信は、天明八年（一七八八年）に、

「旗本のくせに三味線をひき浄瑠璃《じょうるり》を語る者もいれば、河原者（歌舞伎役者を蔑称したもの）の真似《まね》をする不心得者がいる」

と旗本らに警告を発し、賄賂を禁じ、不正役人やこれに連座する商人を厳罰に処した。

倫理観の高い定信は、藩主が犯罪者の死刑を執行するに際して、天明八年四月から、

「士民が罪を犯したことは藩主の教化が不充分なためであり、それは藩祖に対する罪である。だから藩主は処刑の日には私的な行動を慎み、娯楽的な外出などはばかるべし」

と指導し実施させた。定信は風俗を矯正するため、寛政三年（一七九一年）一月に湯屋における男女混浴を禁止し、さらに黄表紙（風刺のきいた絵入り小説）などの出版を統制した。

恋川春町が安永四年（一七七五年）にだした『金々先生栄花夢《きんきんせんせいえいがのゆめ》（ひと眠りしたとき、大金持ちになり放蕩にふけったのち没落した夢を見て、目が覚めたという話）』が黄表紙の第一号と

される。恋川春町は倉橋格《いたる》という駿河小島藩一万石の藩士百二十石だった。寺子屋教育によって識字率が向上し、文字を読めるようになった庶民の娯楽のため黄表紙などが発刊され、縦横に文章を書け暇を持て余した教養高い武士たちが道楽として黄表紙などを書いた。このころ原稿料というものはなく、版元から酒食の接待を受けて終わり、という場合が多かった。武士として奉公先から俸禄をもらっているのだから、原稿料を受け取る必要はなかったのだ。恋川春町は人気にまかせて書きまくり、天明八年（一七八八年）に『鸚鵡《おうむ》返《がえし》文武《ぶんぶの》二道《ふたみち》（武芸を習得した人々が武勇を誇って騒動を起こし、儒教を学んだ人々が騒動を引き起こすという話）』を出した。これは「寛政の改革」で文武を奨励している定信を真っ向から茶化していたから、寛政元年（一七八九年）に幕府から呼び出しを受け、自殺した。

天明八年（一七八八年）に刊行され定信の文武奨励を風刺してベストセラーとなった黄表紙『文武《ぶんぶ》二《に》道万石通《どうまんごくどおし》（源頼朝が諸大名を文武の二グループに分けたため大混乱になったという話）』の著者・朋誠堂喜三二《ほうせいどうきさんじ》の本名は平沢常富で、秋田藩の家老だった。彼は秋田藩主の諭旨を受け絶筆した。

これらは「表現の自由の束縛」というより、「公務員職務懈怠。公務員副業禁止規定違反」ともいうべき、武士としては不名誉な罪状だったであろう。

江戸の遊里を描いた洒落本の作者・山東京伝《さんとうきょうでん》は江戸・深川の質屋の家に生まれ、天明五年（一七八五年）に『江戸《えど》生艶気樺焼《うまれうわきのかばやき》（もてないのにもてた気になった金持ちの道楽息子の滑稽話)』を刊行して人気を博したが、寛政三年(一七九一年)に手鎖五十日の処分を受けた。

倹約令や風俗統制令により江戸が不景気になり江戸市民から強い反発を受けたことが定信失脚の一因とされる。しかしこれが原因で定信が失脚したのだとすれば、農村VS都市の貧富の差を縮小しようとした「寛政の改革」がある程度成功した証左といえるだろう。

# 第四章　ロシアの南下

## ロシア使節ラックスマンの来日

幕末の日本は、まずロシアの、次いでイギリスの、そしてアメリカの脅威にさらされる。実はロシアは、欧米列国のなかで、最初に日本との通商を希望した国である。

ロシアが日本との和親通商のためペテルブルクに日本語学校を設け、通訳の養成を始めたのはピョートル大帝の一七〇五年。日本では第五代将軍綱吉の宝永二年である。このときアメリカもドイツも、世界史上に登場していない。ピョートル大帝はオランダが対日貿易で多大な利益を上げているのを知って、日本との貿易を望んだのだ。

そののちロシア人は享保十五年（一七三〇年）頃、カムチャッカに達してヨーロッパへの主要輸出産品として黒貂やラッコなど毛皮獣の捕獲に従事するようになり、北太平洋でイギリス、アメリカ、スペインと火花を散らすようになった。

かかるなかロシアの女帝エカテリーナ二世は、一七九二年（寛政四年）、シベリア総督ピールを通じて、通商を求める使節ラックスマンに日本人漂流民大黒屋光太夫らを伴わせて日本へ派遣した。このときエカテリーナ二世はピールに、

「かつて日本は征服欲にかられたポルトガル人のキリスト教布教に恐怖を抱いて鎖国体制に入ったが、オランダ人が布教はせず穏健な態度で商売に専念したので、最近は欧米人に対する警戒心も一時よりは低下したようだ。ロシアの太平洋政策では、とかく下層民のなかでもあぶれ者や粗野で手の付けられない乱暴者が多いので、日本人など外国人に悪い印象を与えている。

だから対日使節には人物識見とも第一級の人物を選ぶこと。なお日本人はキリスト教布教に恐怖を抱いて鎖国体制に入ったのだから、トラブルの種とせぬため、日本人漂流民のうちキリスト教に入信した二名の者は今回は送還しない」

と指示した。

こうして陸軍中尉ラックスマンが寛政四年（一七九二年）九月三日に根室へ来航し、根室の運上屋に駐在していた松前藩士熊谷富太郎に、

「江戸に出向いて漂流民を引き渡し、通商交渉をおこないたい。海が荒れる季節になってきたので、ここで越冬したい」

と述べた。熊谷富太郎はただちに松前藩に、

「ラックスマンの意向は、江戸に出向いて漂流民を引き渡し、通商交渉をおこなうこと」

と報告。このことはすみやかに首席老中松平定信に伝えられた。このとき定信は、

「漂流民は受け取る。通商を希望するロシアの国書は、このたびは受領しない。江戸には来航させない。もしどうしても通商を望むなら、長崎へ廻航させる。なおロシア使節を丁

ラックスマン

寧に処遇する」

との方針を定め、松前藩には、

「宣諭使《せんゆ》（懇切丁寧に交渉する役目）を派遣して松前で引見する。江戸から沙汰があるまで、ロシア人が出帆しないよう取り計らうこと。失礼のないよう応対せよ」

と命じ、定信の家来で幕府勘定方田辺安蔵を根室へ、目付の石川忠房を宣諭使として松前へ派遣した。

北海道では冬が近づいたため、松前藩はラックスマンが冬営する建物を建設することとし松前藩士近藤吉左衛門、米田右衛門、鈴木熊蔵を根室へ派遣して、ともに一冬を過ごすこととなった。ロシア人はサウナを建てたり、氷結した港内でスケートを披露したりした。

田辺安蔵は勤勉忠実な幕吏で、年が明けて露暦一七九三年（寛政五年）一月十日に根室に至ってラックスマンと面会しロシアの面積、風俗・習慣、工場技術などを聞き、ラックスマンの船の模型を作り、船具修繕用の旋盤を模写し、ロシア語を習って『魯西亜《ロシア》語類《ごるい》』という日露辞書を作って定信に提出する。

春が来て海の氷が解けるとラックスマン一行は根室を発ち、船と陸路で六月二十日に松前に到着した。松前でラックスマンと面会した宣諭使石川忠房は、寛政五年（一七九三年）六月二十七日、大黒屋光太夫らを引き取ったうえ、

「わが国は鎖国をしているから、開国を要求するロシア国書を受理することはできない。江戸

へ行くことは厳禁であり、もし貴殿らが江戸へ行くなら打ち払われるであろう。どうしても貿易の希望があり『ロシア国書を受理してほしい』というのなら、外交の専門官を配置している長崎へ行くべし。長崎にはオランダ船以外の西洋の船は入港できない決まりだが、貴殿らのため特別に信牌《しんぱい》（長崎への入港許可証のこと）を与える。これを持っていけば、長崎に入港できるし、貴殿らは希望を申し述べることができる」

と伝えて、ラックスマンに信牌を交付した。

定信はラックスマンへの対応方針を、

「西洋の書物によれば『露西亜《ロシア》は世界に比類ない強大国で、しかも正当な理由のない戦争はしない国だ』とのことである。今回は漂流民の送還という正当な名分がある。だからわが国としては強圧的・暴力的でなく礼儀にかなった対応をし、『ダメだダメだ』というのではなく、ロシアが日本を攻撃する名分を与えないよう留意することが肝要である。『わが国にはこういう国法があるからロシアとの交際はここまでが限界である』ということを理解させることが重要だ。わが国の国法は長崎への来航はオランダ・清国などにしか許していないから通常なら入港できないが、ロシアには特別に長崎入港の信牌を与える」

と決めた。このことについて定信は『露西亜人取扱手留《てどめ》』という記録に、

「漂流民は受け取る。ロシア使節に対して『江戸への来航は禁止しているので江戸に来るなら

断固として打ち払うが、長崎に来るなら外交交渉に応じる』と述べて長崎入港の信牌を与える。ロシア使節ラックスマンが長崎へ来たなら『貿易地を長崎にするか、蝦夷地にするか。物々交換にするか、どうするか』などの交渉を、時間をかけてゆるゆる行う」

との消極的小規模限定貿易を選択したことを記した。定信は、

「ロシアに対して開国せざるを得ない」

と考えており、尾張藩徳川宗睦《むねちか》と水戸藩徳川治保《はるもり》への寛政四年十二月二十日書簡に、

「ロシアは事のほか国々を併呑《へいどん》、蚕食も仕り、戦争に馴《な》れまかりおりそうらえば、この節、手強にすぎそうらわば（とても強いので）、準備もなくロシアに立ち向かっても、武を汚《けが》し候（負けるだろう）。礼と法をもって防げば恐れることはない」

と書き送り、もしラックスマンが長崎に来たら消極的で小規模な貿易をするしかない、との判断を伝えたのである。

同時に松平定信は蝦夷地の防備と江戸の防備という「海防」の重要性を認識し、この寛政四年に「海防掛」を設置して自身が就任した。定信がとくに江戸湾防備を痛感したのは、ラックスマンが「江戸へ行きたい」と言ったからである。『宇下人言』は、

「（ラックスマンは江戸へ来たいと言うが）江戸の入海の事なり。海より乗り入れば（江戸の）永代橋まで外国の船とて入りくるべし。咽喉を経ずして腹中に入るというべし」

と述べている。

一方、ラックスマンは日記に、

「幕府勘定方役人田辺安蔵が露暦一七九三年（寛政五年）一月十一日に『オランダ人は通商の独占を失うのを恐れて日本がロシアと通商するのを妨げようとし、ロシア人を野蛮人であると盛んに宣伝していた。しかしこのたびロシア人は日本漂流民を送還し友好的な態度だったので、そのような誤解は解けた。やがて江戸から好意的な訓令が来て、ロシアとの通商は許可されるだろう』と語った」

と記している。定信が消極的小規模限定貿易を模索していることを理解したのである。

ラックスマンは宣諭使・石川忠房の理路整然とした宣諭を受けたうえ信牌を与えられ、幕府勘定方田辺安蔵から楽観的な感想を聞くと、

「自分に与えられた役目を果たした」

と判断して六月三十日に松前を去り、長崎へは寄らずまっすぐオホーツクへ帰港した。

シベリア総督ピールはラックスマンが信牌を持ち帰ったことを喜び、エカテリーナ二世に、

「日本人がわが航海に示した親切と尊敬から見て、こののち日本政府が開国の意思を変えることはなく、外交問題を専門に扱う役人がいる長崎において、日露間の友好・通商問題を取り決めることを決意していることは明らかである。日本政府が信牌を交付したのだから、直ちに日本へ佐官級以上の正式な使節を送れば交易が開かれるだろう。オランダの妨害が予想されるが、

鯨油、獣油、塩魚などロシア産品はオランダが提供する貿易商品より魅力的なはずだ。日本から米、麦、織物などを輸入できれば、シベリアにとって最大の課題であるアラスカ開発に極めて有益である」

と上申した。すなわちシベリア総督にとってアラスカ開発が最大の課題だったのであり、そのため日本から米、麦、織物などを輸入したかったのである。

しかしピールの上申は顧みられなかった。

エカテリーナ二世はフランス革命（一七八九年）に脅威を感じ警戒していたが、軍人として台頭したナポレオンが一七九七年十月にオーストリアを降伏させ、フランスはイタリア北部に広大な領土を獲得する。この間、エカテリーナ二世はナポレオンの台頭を懸念しつつ、一七九六年十一月に六十七歳で病死したからである。一方、日本側では、松平定信は将軍家斉の勘気をこうむって寛政五年（一七九三年）七月に失脚してしまう。

この結果、ラックスマンへの約束は反故《ほご》になってしまうのだ。

## 松前藩の蝦夷《えぞ》統治

ロシアと日本の紛議の場となるのは蝦夷地（いまの北海道）と千島列島と樺太である。その最前線に位置する松前藩（外様。一万石格）は、軍事力が脆弱だった。

松前藩は甲斐源氏の末流武田信広を始祖として室町時代に今の松前・函館付近に地歩を築い

た豪族だったが、初代藩主松前慶広が北条攻めを終えて京都へ戻った豊臣秀吉を天正十八年（一五九〇年）十二月二十九日に聚楽第に訪ねて臣従し、従五位下に叙され蝦夷地の支配権を認められた。そこで松前慶広は、アイヌの酋長らを集めて、

「自分が蝦夷の支配者である」

と宣言した。翌天正十九年（一五九一年）五月に九戸《くのへ》城主（岩手県二戸市にあった）の九戸政実《まさざね》が豊臣政権に反乱を起こし、豊臣秀次を総大将とする豊臣軍が一揆を鎮圧したとき、松前慶広はアイヌ兵を率いて豊臣軍に参加し、アイヌ兵の毒矢で一揆勢を多数射殺《いころ》して注目された。

松前慶広はこの頃、豊臣政権傘下の一部将に過ぎなかった徳川家康とも抜け目なく誼《よしみ》を通じた。そして家康が天下を取ると、慶長九年（一六〇四年）に家康が黒印状（貿易許可証のこと）を発給してアイヌ民との交易を認めたので、松前藩はアイヌ民と鷹羽・熊皮など希少特産の交易をおこなった。松前藩の『新羅之記録』は、元和年間（一六一五年〜一六二四年）にメナシ（現在の北海道目梨郡羅臼《らうす》町、標津《しべつ》町付近）のアイヌ民が鷲羽やラッコの毛皮などを百隻近い舟に積んで献上し松前藩主にお目見えしたと記録している。

三代将軍家光が正保元年（一六四四年）に『正保御国絵図』を作成したとき松前藩が提出した自藩領には国後《クナシリ》島、択捉《エトロフ》島、得撫《ウルップ》島など三十九の島々が描かれていた。

松前藩は四代将軍家綱の寛文九年（一六六九年）に「シャクシャインの戦い」に勝って、蝦

夷地のアイヌ民に対する統治を確立した。アイヌ民はいくつもの部族に分かれて部族間に軋轢があったが、これが昂《こう》じて抗争となり、松前藩に仲裁を願い出たのがシャクシャインの戦いの発端となった。日高地方の静内川では酋長オニビシが上流を、酋長カモクタインが下流を支配し各々鮭《さけ》を捕獲していたが、下流の酋長カモクタインが河口で鮭を大量に捕獲してしまったので、鮭は上流に遡上してこなくなった。

そもそもアイヌ民は河川や海辺など水辺に住み丸木船で水上を移動する交易の民で、鮭を捕獲すると干鮭にして物々交換により米などを得ていた。遡上する鮭は河口付近では脂肪がたっぷり乗っているが、河川を遡上する間、体力を消耗して脂肪がおち痩せる。塩は貴重品で手に入らない。脂肪が乗った鮭は干しても傷みやすく、川を遡上して痩せた鮭は干せば保存が効いた。だからアイヌ民は川の上流で鮭を捕獲することを常道とした。

しかるに下流の酋長カモクタインが河口で鮭を大量に捕獲してしまったから、激怒した上流の酋長オニビシは下流の酋長カモクタインを殺した。するとカモクタインの後を継いだ新酋長シャクシャインは復讐のためオニビシを殺した。

そもそも松前藩はアイヌ民の各酋長らに、

「それぞれ自分の漁場を守り、他人の漁場を犯さぬよう」

求めていたし、アイヌ民の常道は上流で鮭を捕獲することだったから、殺されたオニビシの残党は、松前藩に、

「われらの漁場を犯したシャクシャインを罰し、上流の漁業権を確保してほしい」

と願い出た。しかし新酋長シャクシャインは強猛な男だったから、松前藩の仲裁に従わず、西へ進んで新冠川沿いのアイヌ民を征服し、さらに紗流川沿いのアイヌ民を傘下に収めて約二千人の勢力に膨れ上がり、和人約三百人（鷹の捕獲のため来ていた鷹匠や船頭ら）を殺し、国縫（今は長万部町字国縫）に至った。ここに防御線を敷いていた松前藩兵約百人と戦ってシャクシャイン軍は大敗し、約二千人のアイヌ民は雲散霧消して逃散した。

もともとアイヌ民の常道は上流で鮭を捕獲することだったし、アイヌ民の多くの酋長らは、それぞれの漁場を守り他人の漁場を犯さぬよう指導する松前藩の基本方針を支持していたから、蝦夷地の安寧が保たれることとなった。こののちもアイヌ諸部族の抗争は絶え間なく、松前藩が仲裁に立つことが常態となったので、松前藩は仲裁者としてアイヌ民に対する統治権を確立したのである。

松前藩は四代将軍家綱の延宝七年（一六七九年）に樺太へ進出して久春古丹《クシュンコタン》（のちに大泊。今はコルサコフ）に陣屋を置き、ニシンなど漁場の開拓を進めた。

ロシア人探検家がカムチャッカ南端からシュムシュ海峡を渡り千島列島最北端の占守島《シュムシュ》に初めて上陸したのが第六代将軍家宣の正徳元年（一七一一年）だった。この海峡は六マイルに過ぎないが激しい潮流が渦を巻き暗礁もあるので、渡海は容易ではなかった。その先の千島列島

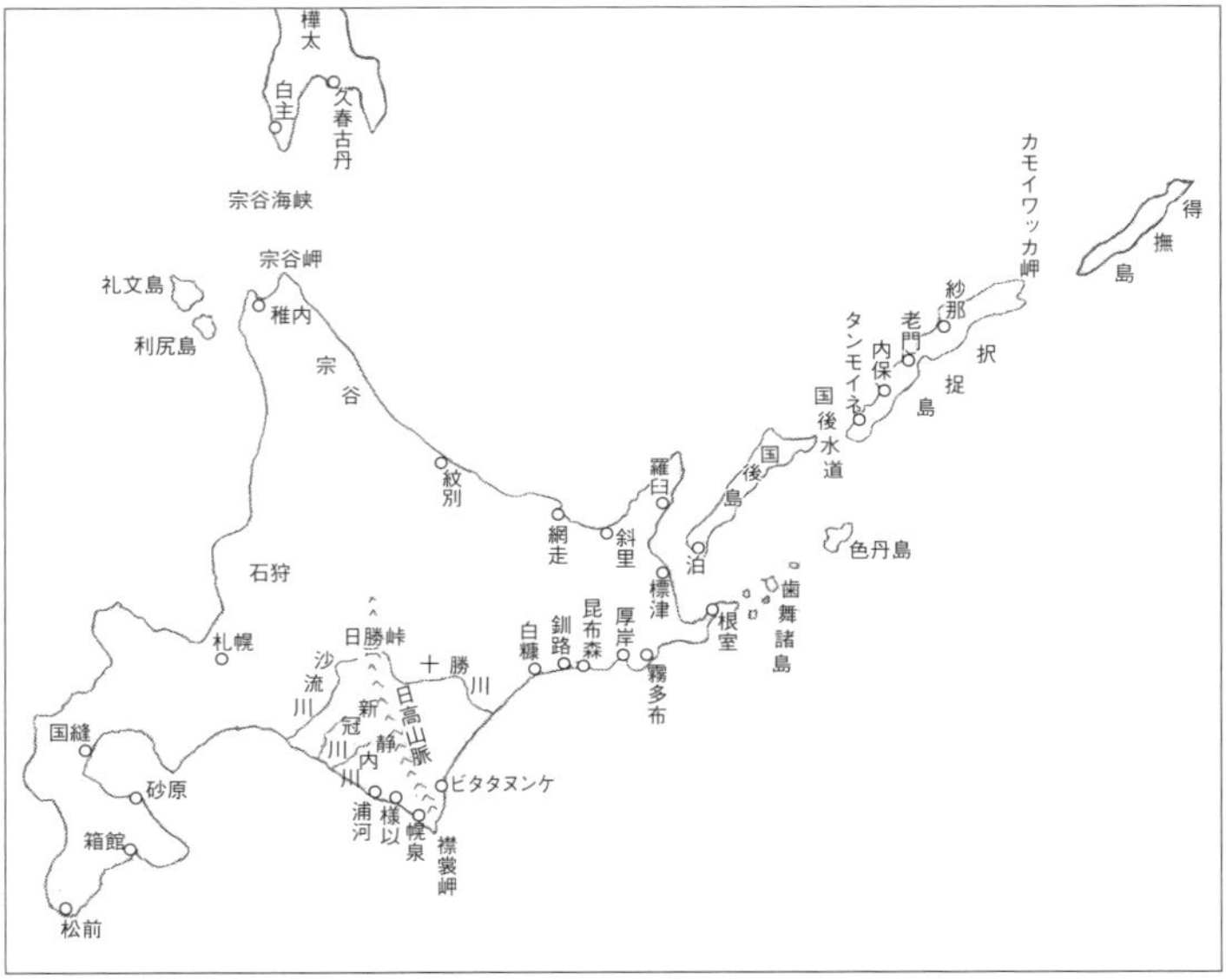


蝦夷地の地図

を南下するといっても、夏期は特有の濃霧が垂れ込め視界がきかず、激しい海流が渦巻き、島々の岸辺は険しい崖が切り立ち投錨に適した泊地もないから、ロシア人の南下は遅々として進まなかった。こののちロシア人は千島列島の先に松前島（北海道のこと）があることを知る。日本人は北海道を「蝦夷地」と呼んでいたが、ロシア人は北海道を、日本の松前藩が支配する島と認識して松前島と呼んだのである。

　松前藩は幕府に、第七代将軍家継の正徳五年（一七一五年）、「唐太《カラフト》、千島列島、勘察加《カムチャッカ》までが松前藩領である」と報告している。

　松前藩は八代将軍吉宗の享保四年（一七一九年）に一万石格の大名とし

て認められた。

当時の蝦夷地では稲作が不可能だったから松前藩は一万石といっても米は取れず、食用の米は対岸の弘前藩・津軽家から買っており下級藩士には松前藩が本州から購入した米による扶持米が与えられた。一方、上級藩士の俸禄は「商場知行制」といって鮭《さけ》や鰊《にしん》の漁場が与えられ、アイヌ民に米・酒・塩・タバコ・鉄製品などを与えて物々交換でアイヌ民から干鮭・鰊・数の子・昆布・鷹羽・アザラシ皮・熊皮・ラッコ皮などを受け取り、本州へ販売して収入を得ていた。

こののち松前藩は九代将軍家重の宝暦四年（一七五四年）頃には国後島、択捉島、得撫島あたりまで実効支配するので「商場知行制」は国後島に及び、松前藩上級藩士の知行地として配分する。国後島の泊《トマリ》には運上屋（松前藩の出先機関。交易の拠点でもあった）が置かれ、国後島のアイヌ民を保護して統治する。

このように松前藩は農業を基盤にした幕藩体制からは逸脱したが、実収が豊かだったから一万石格の大名として待遇されたのである。

普通の大名は槍一筋で戦国の世を生き抜いてきたからいずれ劣らぬ武門を誇っていたが、松前藩は秀吉、家康などときどきの権力者に蝦夷地の希少特産を献上して本領安堵されてきたのだから、武力は脆弱だった。

しかし敏感な理財で蝦夷経営を行ったから三〜四万石ほどの実収高をもつ経済的に豊かな藩

だった。通常、一万石の大名が抱える藩士は約百人だが、松前藩は三〜四万石ほどの実収高があったから、寛政十年（一七九八年）頃、三百四十九人の藩士を召し抱え（『寛政十年家中及扶持人列席調』による）ていた。

前述の「商場知行制」は、安永年間（一七七二年〜）頃、上級藩士とアイヌ民の間に近江商人が入って仲介する「場所請負制」に替わった。これなら松前藩士はアイヌ民と交渉したりアイヌ民から購入した諸産品を本州へ販売する手間が省け、近江商人から運上金が入る。近江商人は商売上手だったから収入も増えた。しかしこの結果、松前藩士と対等の交易相手だったアイヌ民は、近江商人に雇用される労働者になってしまった。「三方良し（売り手よし、買い手よし、世間よし）」の近江商人のときはまだよかった。そのうち、

「蝦夷地の商売は儲《もう》かるらしいぞ」

と聞いて、一発を狙った悪徳商人が入ってきて近江商人らを追い出した。

この代表が飛騨屋久兵衛である。初代飛騨屋久兵衛は飛騨国（今の岐阜県）の農民だったが江戸へ出て材木商の手代になり、蝦夷地の豊富な森林に目をつけて蝦夷地に渡り、松前藩に取り入って元禄十五年（一七〇二年）に許可を得て蝦夷ヒノキの伐採で財を成した。

このの ち三代目飛騨屋久兵衛は森林事業から漁業へ転じ、安永二年（一七七三年）に松前藩から宗谷、白糠《しらぬか》、厚岸、霧多布《きりたっぷ》、国後島など未開発の広大な漁場を得て場所請負商人になった。

これらの地域は松前から遠く離れ松前藩の監視が届かなかったから、これをいいことに思う存分やりたい放題の商売をしたのである。

首席老中松平定信が天明七年（一七八七年）に「寛政の改革」を開始して二年後の寛政元年（一七八九年）に、「国後《クナシリ》・目梨《メナシ》の蜂起」というアイヌ民の暴動がおきた。これは「寛政蝦夷蜂起」とも呼ばれる。メナシは今の北海道目梨郡である。

この地域はかつては松前藩士の「商場知行制」で、松前藩とアイヌ民の交易条件は「干鮭七束（一束二十本なので計百四十本）が米一俵」とされ、相互に了解していた。

しかるに前述のとおり「商場知行制」は「場所請負制」に替わってしまい、この地域の場所請負商人となった無慈悲な悪徳商人・三代目飛騨屋が、松前藩の目が届かないのをいいことに、従来からの交換基準を破ってアイヌ民を酷使し、暴利をむさぼるようになった。

三代目飛騨屋は天明八年（一七八八年）

『夷酋列像』に描かれたツキノエの肖像画

頃から大規模な〆粕《しめかす》（鮭、鰊、鱒《ます》などを茹《ゆ》で魚油を搾った滓《かす》を乾燥させた肥料）の製造を始め、労働力としてアイヌ民を雇い、搾取するようになったのである。

すると飛騨屋の強欲な商取引や劣悪な労働環境に不満を持った国後島のアイヌ民四十一人が蜂起し、呼びかけに応じた目梨のアイヌ民八十九人も蜂起し、計百三十人が、寛政元年（一七八九年）五月、国後島の泊《トマリ》にあった松前藩運上屋の足軽竹田勘平や飛騨屋の手代など和人七十一人を殺害した。これはわが国初の労働争議だったかもしれない。このとき国後島のアイヌ民の酋長ツキノエは外出していて留守だった。殺害された和人の墓碑は文化九年（一八一二年）に作られ表面に「横死七十一人之墓」と、裏面には事件の経緯が刻まれている。

事態を憂慮したアイヌ民指導者十二人（酋長ツキノエら）は、蜂起したアイヌ民らを、「松前殿の御恩で米、酒、塩を得て衣服を賜り、鉄器、たばこなどを得て、暮らしが豊かになった。和人の下の者が悪さをしたなら、和人の上司に訴えればよいのだ。むやみやたらに殺害するのは人倫にもとる」

と説得し、蜂起を鎮めてしまった。松前藩の家老で絵師の蠣崎《かきざき》波響《はきょう》がこの十二人を高く評価して肖像画を『夷酋《いしゅう》列像』として描いた。『夷酋列像』は模写を含めて六種が存在し、函館市中央図書館やフランスのブザンソン美術館などに保存されている。

松前藩は藩士三百四十九人の七十四％にあたる鎮圧隊二百六十人を送ったが、鎮圧隊が現地に到着したとき、すでにアイヌ民指導者十二人の説得により事件は収束していた。

事後処理にあたった松前藩は蜂起首謀者三十七人を処刑し、悪徳商人飛騨屋から商権を剥奪して阿部屋伝兵衛を場所請負商人に任じ、監督不行き届きとして家老以下三名を「押し込め三十日」の処分とした。

首席老中松平定信（白河藩主）は、寛政元年五月に国後《クナシリ》・目梨《メナシ》の蜂起が起きると、事態を重視し白河藩に、

「蝦夷地で反乱がおきれば、白河藩は奥州第一の要衝であるから、警戒を怠らぬよう」

警戒を促すとともに、アイヌ蜂起の原因を調査するため、公儀普請役見習・青島俊蔵を蝦夷地へ送った。青島俊蔵は従者最上徳内を伴って現地調査をおこない、勘定奉行久世広民《ひろたみ》への寛政元年十一月付報告書で、

「従来からアイヌ民は自前の狩猟や漁労で交易にいそしむ独立生活を送り、副業として場所請負商人に労役を提供していた。しかるに飛騨屋はアイヌ民に『全労働時間を場所請負商人飛騨屋に労役提供せよ』と要求し、しかも代価として与えられた米・酒・タバコなど諸品は品質が低下し、労賃も減らされた。これではアイヌ民は生活できないので蜂起したのだ。こういう事態を未然に防止するには、場所請負商人の中間搾取を排除するため、公儀（幕府のこと）がアイヌ民と直接交易して、アイヌ民が豊かな生活ができるよう物産の買取条件を設定してアイヌ民を撫育《ぶいく》する『御救交易』をおこなうべきである」

最上徳内

との「分析と対策」を提言した。

首席老中松平定信は、これを採用し、

「国後《クナシリ》・目梨《メナシ》の蜂起の原因は、松前藩が悪徳商人飛騨屋の中間搾取を見逃し、アイヌ民が経済的な苦境に立たされたためである」

と判断し、松前藩にアイヌ民の待遇改善を厳命した。

こののち青島俊蔵は病死したので、定信は青島の部下だった最上徳内を寛政二年（一七九〇年）に幕府普請役に任じて蝦夷地御用に抜擢。徳内を、寛政三年（一七九一年）一月、

「幕府が松前藩に厳命したアイヌ民の待遇改善が、きちんと行われているか。青島俊蔵が提案した『御救い交易』の実現可能性はあるのか、ないのか」

実情を探るため、蝦夷地に派遣した。

最上徳内は出羽（現在の山形県）の貧しい農家に生まれ江戸へ出て医術や数学を学び、天明四年（一七八四年）から天文学や測量術や経済論などを学んでいたところ、ときの老中田沼意次がロシアの南下に備えるため天明五年（一七八五年）に送った蝦夷地調査団の人夫として釧

路、厚岸、根室まで調査探索し、アイヌの酋長イコトイに案内されて国後島へも渡った。

天明六年（一七八六年）には単身で再び国後島、択捉島、得撫島へ渡って『蝦夷草紙』を著し幕府に蝦夷地の重要性を訴えたので、徳内は北方探索の専門家として知られていた。

最上徳内が厚岸、根室、標津《しべつ》、国後島、択捉島、得撫島まで東蝦夷地を調査すると、アイヌ民の騒動は収まっていた。こののち西蝦夷地へ向かって斜里《しゃり》や宗谷や石狩で「海鼠《なまこ》五百個を米一俵」とする「御救交易」を試みた。

さらに樺太に渡って久春内《クシュンナイ》に至りここを北緯四十八度と計測した後、七月に蝦夷地へ戻り、石狩や宗谷や斜里で試行した「御救交易」がアイヌ民から歓迎されていることを確認した。

そこで幕府はアイヌ民との交易を、松前藩による場所請負制から幕府直轄の「御救交易」に転換させ、寛政三年（一七九一年）以降、国後島、霧多布、厚岸、石狩、宗谷で御救交易を行い、アイヌ民の経済的保護に努めたのである。

# 第五章　松平定信の失脚

## 光格天皇の即位

定信の失脚の原因については諸説あり、定説は定まっていない。一説には「閑院宮典仁親王に上皇という尊号を贈与するか否かという尊号一件《そんごういっけん》が原因」という皇国史観風の解釈がある。

第118代後桃園天皇が死去したとき皇子がいなかったので、傍系の閑院宮典仁親王の第六皇子が九歳で第119代光格天皇となった。閑院宮家とは新井白石が宝永七年（一七一〇年）に皇統の維持のため、東山天皇の実子直仁親王に所領一千石と閑院宮の宮号を与えて新宮家を創設させたものである。光格天皇は即位したとき、伊勢神宮への宣明で、

「自分はびょうびょうたる傍支（とるに足らない傍系出身の意）の身で天皇になった」

と述べている。

光格天皇が即位するまでの歴代天皇は、幕府にあれこれ希望を出すことを控え、あからさまな不平や愚痴を漏《も》らすことはなかった。これは天皇の品格を示したものである。

歴代天皇は、たとえば第16代仁徳天皇は人々の家から炊煙《すいえん》が立ち上っていないことに気づいて租税を三年間免除し、倹約して宮殿の屋根の茅《かや》を葺《ふ》き替えない仁政を行ったところ、このの ち煙が見えるようになったことを喜んで、

「高き屋《や》に　のぼりて見れば煙立つ　民のかまどは賑わいにけり」

と詠んだ。しかし光格天皇は、こうした仁徳天皇とはかなり異なる天皇だった。

## 焼失した御所の再建問題

「天明の大火（京都大火とも都焼け《みやこや》ともいう）」が天明八年（一七八八年）一月三十日に京都で発生した。鴨川東側の町家から出た火は折からの強風に煽られてまたたく間に洛中を焼き、御所、二条城、京都所司代屋敷など軒並み焼失。京都市街の八割以上が灰燼に帰した。被害は「応仁の乱」の戦禍を上回り、京都の経済にも深刻な打撃を与えた。最終的な鎮火は発生から三日後の二月二日だった。

御所が焼失したので光格天皇は御所が再建されるまでの三年間、聖護院を仮御所とした。そして御所の再建が大問題となった。

天明八年三月四日に将軍補佐に就任した松平定信は御所の造営監督を引き受け、五月九日に江戸を発って五月二十二日に京都に入り、関白鷹司輔平《すけひら》と協議した。

これは難航した。

幕府の財政は極めて困難な状態で、明和七年（一七七〇年）に幕府の貯金額は三百万四千両あったが、天明三年（一七八三年）の浅間山大噴火や天明七年（一七八七年）の徳川家斉の将軍襲職や天明の大飢饉の対策のため、天明八年（一七八八年）の貯金額は八十一万七千両にまで減っていた。だから定信は、ひとまず仮普請を行って天皇を居住させ、そのあと徐々に焼失前と同じ物を作ろうとし、鷹司輔平に、

「焼失前と同じ物を作ることは請け負う。しかし平安時代のような古式に則った壮麗な御所を

建てることは、天明の大飢饉に苦しむ民衆の負担を増やすことになるので出来ない」

と述べた。

しかし光格天皇は、自分は日本国の君主であり幕府を支配するのだ、という強い皇統意識を抱き、朝廷の権威の向上を目指して四百年近く途絶えていた石清水八幡宮や賀茂神社の臨時祭や新嘗祭など朝廷の儀式や神事を次々に復活させた。御所の復興についても、これを機に平安内裏の古式へ戻すことを目指し、すでに四月、公家の裏松光世《うらまつみつよ》に『大内裏図考證《だいだいりずこうしょう》』を作成させ、焼失した内裏の再建は紫宸殿と清涼殿を平安時代の古式に則った大規模なものにするよう幕府に要求したのである。そもそも平安時代は天皇が武家を支配しており、延暦十六年（七九七年）に征夷大将軍になった坂上田村麻呂は従四位下という身分の低い武官だった。光格天皇は「朝廷と幕府の関係はかくあるべき」と望んだ。光格天皇が平安様式にこだわったのは、平安時代のように、朝廷が力関係で幕府に優位に立ち将軍をしのぐ世俗権力を奪還することを念願したからである。このことが後の王政復古・尊皇倒幕の基本理念となっていく。

光格天皇の要求は復古的で荘重な御所の造営だったが、定信が考えたのは焼失前と同じ物を造ることだった。光格天皇が望むように焼失した御所の紫宸殿と清涼殿を平安時代の古式に則った大規模なものにするなら予算総額は八十一万両である。こうなると幕府の財布は空っぽになる。もし仮にロシアが攻め寄せてきたら、国土防衛に回す防衛予算はゼロになる。すっかり困りはてた定信は光格天皇に、関白鷹司輔平を通じて、

一、材木不足で用材を集めるのが困難なうえ、諸物価が高騰している。
二、凶作が続いて大名が困窮している。もし造営費用を大名にも負担させる「お手伝い普請」にするなら、その負担は領民に転嫁されるので人民が苦しむこととなる。
三、下々の領民が困窮することになれば、領民は為政者を恨むこととなる。

と述べた。そして定信は、

「予算がかさむと諸大名は賦役を民衆に転嫁する。重税を課され困窮した民衆から『民衆の血を搾って豪勢な御所を建てた』と非難されてもいいのですか、(原文：万一、『宮室の美をなし候ものは、これ小民の膏血に候』などと申し候ようになり候ては、恐れ入り候)」

と訴えた。定信は、

「幕府としては御所造営により民衆が苦しむことは避けたい。朝廷も同感ではないのか」

と、はっきり言ったのである。

しかし光格天皇は困難な財政事情を顧慮せず、公儀に対する負担や人民に怨嗟を押し付けることに躊躇はなかった。関白鷹司輔平を通じて定信の意向を聞いた光格天皇は、定信の意向を断固として拒否し、予定通りの造営を要求した。そして定信と自分の間で右往左往する関白鷹司輔平に不快の念を持った。ここまでくると定信とて光格天皇の意向に逆らえない。定信は財政困難ななか不本意ながら光格天皇に押し切られ、光格天皇の強い要求に屈して荘重で復古的な御所を造営せざるを得なかったのである。御所は寛政元年(一七八九年)に着工され、翌寛政二年（一七九〇年）十一月に造営を終えた。御所造営の総費用八十一万両のうち幕府は約半分を負担し、残余は諸大名に石高に応じて負担させた。御所は紫宸殿と清涼殿などに平安朝の内裏の古式が採用され復古的な様式を誇っていた。

光格天皇に押し切られた定信は京都所司代や京都町奉行に対して、

「今後、朝廷の新規の要求には応じてはならない」

と指示した。これにより幕府と朝廷の軋轢が世間の注目を浴びるようになり、さらに「尊号一件」などの幕府と朝廷間の紛争の遠因となっていく。

## 神仏習合の「日本教」から平田篤胤の「天皇教」への転換

仁徳天皇は民衆の困窮を察した仁政を行い、歴代天皇は幕府にあれこれ希望を出すことを控えた。これは神仏習合の「日本教」に立脚していたからである。

そもそも神武創業の頃、わが国は各々の豪族が氏神を祀《まつ》る神道だった。そこへ西暦五三八年に仏教が伝来し、蘇我馬子《そがのうまこ》は崇仏《すうぶつ》派、軍事を司った物部守屋《もののべのもりや》は廃仏《はいぶつ》派として対立を深めるなか、折り悪く疫病が流行した。この疫病の原因について、物部守屋は、

「仏教布教を唱えて他国から渡来した者たちが、わが国に疫病を持ち込んだのだ」

と主張した。他国からの流入民によって疫病が伝来することは、世界史上、よくあることだから、物部守屋の主張もあながち間違いともいえない。

両者の宗教対立は頂点に達し、「丁未《ていび》の乱」（西暦五八七年）という戦闘で物部守屋は敗死し、戦勝者の蘇我氏が権勢を得た。この戦いのとき軍事氏族で精強な物部氏の軍兵に圧迫され苦戦した蘇我馬子の妹の孫である厩戸皇子《うまやどのみこ》（聖徳太子）が、木を削り四天王の像を作って戦勝を祈願し、

「勝たせて下さるなら、戦勝の暁には四天王を安置する寺院を建立し、仏法を広めます」

と請願し、戦勝の後、誓願を守って摂津国難波に四天王寺を建立した。

こののち聖徳太子は、推古天皇十二年（西暦六〇四年）に「十七条憲法」を下し、

一、和を以て貴しと為《な》せ。

二、篤く三宝を敬へ。三宝とは仏《ほとけ》・法《のり》・僧《ほうし》なり。

三、詔《みことのり》を承りては必ず謹《つつし》め。

と述べて、仏教の慈悲と聡明を為政の根幹にすえるよう諭した。

しかしそののち権勢を得た蘇我氏が専横を極めるようになると、中臣鎌足《なかとみのかまたり》（のちの藤原鎌足）と中大兄皇子《なかのおおえのおうじ》（のちの天智天皇）が蘇我馬子の孫の蘇我入鹿《いるか》を宮殿内で斬殺し、天皇を中心とする「大化の改新」を断行した。中臣氏は神道を奉じて神事・祭祀を司り神祇官などを勤める氏族だったから、以来、朝廷では神道が勢威を誇った。すなわち「丁未の乱」と「大化の改新」の底流には、仏教か神道か、との宗教対立の暗闘があったのである。

「大化の改新」により朝廷内では神道が優勢になったとはいうものの、仏教勢力も相変わらず

隆盛だったので、奈良仏教の圧力を嫌悪した第50代桓武天皇は京都へ遷都し、最澄を留学生として唐へ送って天台宗を学ばせ、比叡山延暦寺を開かせた。

また讃岐の豪族の家に生まれた空海は、奈良吉野の金峰山《きんぷせん》や四国の石鎚山《いしづちさん》などの山中を彷徨して修行を重ね、唐へ渡って学び帰国すると高野山に金剛峯寺《こんごうぶじ》を建立した。

空海が金剛峯寺を建立するにあたって、地元の神道である丹生都比売《にふつひめ》神社がその神領を空海に寄進したとされ、仏教寺院である高野山金剛峯寺は神道である丹生都比売神社を崇めている。すなわち高野山金剛峯寺が栄える限り、丹生都比売神社は安泰である。また仏教寺院である高野山金剛峯寺は、形式上、神道である丹生都比売神社の下位にあって庇護されているので神道との軋轢がない。ここに、かつては敵同士だった神道と仏教が協調して互いを支え合う神仏習合が完成した。

空海は、この神仏習合によって、物部氏と蘇我氏が神道か仏教か宗教対立を巡って戦闘へ発展した「丁未の乱」のような宗教戦争の芽を摘んだのである。さらに空海の真言密教は加持祈《かじき》祷《とう》による病気平癒の法術を持つとされたから、空海は疫病を発端とした丁未の乱の戦争原因も封じてしまった。

宗教戦争以外の世の中の争い事や内乱・戦乱などは、権力や財力の争奪を原因として始まるのだが、空海は都と遠く離れた高野山の山奥に仏教都市を作ったから、権力とも財力とも無縁であり、このことから仲裁者としての地位を獲得したのである。

これこそ天才・空海が作り上げた神仏習合という「日本教」だった。この神仏習合の日本教によって、わが国はそれなりに平和で安定した道を歩んできた。

そして天皇の皇子のうち、天皇になれなかった者は、これらの大寺院に入った。

この神仏習合こそ、わが日本の思想の根幹である「日本教」であった。

この日本教が、さしたる対外戦争や凄惨な内戦のないわが日本の骨格だったのである。


しかし光格天皇は九歳で傍系の閑院宮家から即位したこともあって、本家である歴代天皇とは異なる「新しい天皇像」の確立を目指し、新しい理念と抱負を打ち出していった。光格天皇は御所造営で意思を押し通しただけでなく、総じて旧格や古式を重んじ、政治意志の決定や物事の進め方にも、歴代天皇と比べて強引なところが目立った。光格天皇は、強すぎるほどの意思を持った人であった。それは幕府の上に立ち、日本国をあまねく支配する強い世俗的な天皇像であり、このころ盛んになってきた国学との親和性を強めた。


「国学の四大人」とは荷田春満《かだのあずままろ》、賀茂真淵、本居宣長、平田篤胤である。

五代将軍綱吉が儒教を奨励した頃から、儒教に反発して日本古来の道を探ろうという気運が生じ、『古事記』や『日本書紀』や『万葉集』など古典研究をつうじて国学が発達した。

京都伏見稲荷の神官だった荷田春満は古語や古典の研究を進め、

「わが国には儒教や仏教とは異なる昔からの独自の古道がある」

と唱えて古き良き日本の姿を探究し、儒教や仏教に対抗する思想として国学を樹立した。浜松の神官の家に生まれた賀茂真淵は荷田春満の弟子となって『万葉集』を学び、「万葉集こそ、日本人の自然で純粋な心情と精神を表現している。君臣の作為的な上下関係を強調する儒教とくに朱子学は否定されるべきである」

と唱えて、儒教を否定した。

そして賀茂真淵の弟子になった伊勢国松坂（今の三重県松阪市）出身の本居宣長は、京都での生活に感化されて王朝文化への憧れを強め、古来から伝わる自然の情緒を重視し、「『源氏物語』にみられる『もののあはれ』という日本固有の情緒こそ文学の本質である」と提唱して「やまとごころ」を至高のものとし、儒教を「からごころ」として否定し、勧善懲悪を唱える仏教の「ほとけごころ」も「自然に背く考えである」として否定した。

こうした儒教および仏教を否定する国学の系譜から平田篤胤の復古神道が生まれ、復古神道は宗教色を強めていき、やがて王政復古・尊皇攘夷という倒幕運動につながっていく。

平田篤胤は安永五年（一七七六年）に秋田藩（出羽国久保田藩）の藩士の家に生まれたが周囲と軋轢を生じ、二十歳になった寛政七年（一七九五年）に脱藩して出奔し、江戸で蘭学・地理学・天文学・医学を学び解剖にも立ち合い、蘭学者からキリスト教の知識も得た。しかし生活は苦しく大八車を引いたり飯炊きや三助、火消しなどでわずかな収入を得て苦学していた。このころ織瀬《おりせ》という娘と出会って、享和元年（一八〇一年）篤胤二十六歳のとき恋愛結婚をした。篤胤は、本居宣長が没して二年後の享和三年（一八〇三年）、妻の織瀬が買ってきた宣長の本を読んで『源氏物語』の「もののあはれ」に傾倒して国学の道に入り、儒教と仏教を激しく排斥し「宣長没後の門人」を自称。文化三年（一八〇六年）頃には私塾を開いて門人五百余人に達した。かかるなか文化九年（一八一二年）、相思相愛の妻・織瀬が病死した。篤胤は深い悲しみにくれ、

「天地《あめつち》の　神は無《な》きかも　おはすかも　この禍《わざわい》を　見つつますらむ」

と詠んだ。

篤胤は愛妻の死を機に、死後の霊や幽冥への関心を強めて幽界研究に入り、

「妻は死んだのではなく、幽冥界に移って生きていて、幽冥界から自分を見ているのだ」

と考えるようになった。そのうち篤胤は、妻・織瀬は普通の人より格上なのだと考え、

「人は死後、最後の審判を受けるのだ。志の低い普通の人は黄泉《よみ》の国（穢れた死後の世界のこと）へいくが、良い志をもっていた妻・織瀬は冥界に移って神となったのだ」

と考えてキリスト教またはユダヤ教のような選民思想を導入し、「人は死後、等しく阿弥陀如来に救われる」という仏教と決別したのである。

平田篤胤は奇才ともいうべき博覧強記で仏教・儒教のみならずキリスト教・ユダヤ教・旧約

聖書まで学び、西洋医学、ラテン語、暦学・易学・軍学などにも精通していたから、「西の国々の古き伝えに、天神が天地を造ったのち土塊《つちくれ》を二つ丸《まろ》めて男女の神とし、男神を安太牟《アダム》といい、女神を延波《エバ》といい、この二神が国土を産んだという説あり」（平田篤胤著『霊の真柱』）

と天地創造説を紹介したうえ、旧約聖書やキリスト教の天地創造神話を強く意識し、「私たちを照らす太陽、月、星が諸外国をも同様に照らしているように、天地開闢は世界万邦に共通である。西の国々の安太牟と延波による天地創造説とは、わが国の伊邪那岐《いざなぎ》・伊邪那美《いざなみ》による天地創造の真実が、少し曲げられて伝わったのである」（平田篤胤著『赤県太古伝』）

と述べた。これも理屈の上では矛盾ない。こうして篤胤はキリスト教の教義も取り入れ、「御国《みくに》（日本のこと）こそが四海（世界のこと）の中心であり、天皇は万国の君主であり、現人神である。現世は仮の世であり、死後の幽世こそ本当の世界である」

と唱えた。

こうして篤胤が樹立した教説は論理矛盾なく首尾一貫して復古神道とよばれ、仏教を排斥し、従来の神道以上に宗教色を強めた。前述のとおり古来の神道は各々の豪族が氏神を祀るものだったから多分に多神教的だったが、篤胤が樹立した復古神道にはユダヤ教またはキリスト教的な選民思想と一神教的な彩《いろどり》があり、キリスト教の天地創造神話を強く意識して天照大神を創造主とする復古神道の神学を樹立したのである。これは、

「キリスト教徒の殉教のように、天皇に対する忠義心が恋焦がれるまで昇華した恋闕《れんけつ》となり、天皇のために散華（死ぬこと）して、幽冥界で神に生まれ変わるのだ」

という「天皇教」に昇華して、皇国史観の基礎を構築することとなった。篤胤の妻・織瀬への恋情は、とうとう天皇への恋闕に展化してしまった。篤胤の思潮は、のちに「八紘一宇」や「皇国史観」や「大東亜共栄圏」や「特攻」の思想の理論的根拠になっていく。

こうして平田篤胤の「天皇教」は、弘法大師空海の「日本教」を凌駕する勢いとなり、こののち幾多の悲劇を生むこととなる。

篤胤はサービス精神旺盛で好学の徒であれば身分の上下を問わず庶民大衆にも広く門戸をひらき分かりやすい言葉で語ったから、庶民層からも多くの支持を得た。とくに近畿地方、中部地方などの豪農層など地元有力者らに信奉され、幅広い平田学派を形成するに至った。篤胤の死後も復古神道は広がり続け、幕末には没後門人も含めて平田派は約四千人にのぼった、とされる。篤胤の復古神道の論理的帰結には、

「天皇は絶対神であり、天皇の前では士農工商の身分差はなく、等しく御国の御民である」

とする身分制の解体が含意されていたから、都市の町人や地方の豪農層・神官や下級武士らから広く支持され、幕末の尊皇攘夷運動の主柱となった。

ちなみに島崎藤村の小説『夜明け前』の主人公・青山半蔵のモデルである藤村の父・島崎正

樹は、中山道馬籠宿の本陣・庄屋の家に生まれ、国学を学んで平田篤胤の没後門人となり、馬籠に私塾を開いて子弟に伝授していた。倒幕が実現すると「大願が成就した」と考え明治七年（一八七四年）に上京して教部省考証課雇員として出仕するが、明治天皇の輿《こし》に憂国の歌を書いた扇子を投げつけて不敬罪に問われた。明治十三年（一八八〇年）には北陸地方巡幸に際し明治天皇に憂国の建白を試みて叱責され、家中の座敷牢へ入れられて精神を病み、座敷牢の中で死去した。これも平田派の一例である。

**尊号一件**

また朝幕間の特筆すべき対立事案として「尊号一件」が挙げられる。

光格天皇は傍系から天皇になったのだから、実父の閑院宮典仁親王は天皇になったことはない。そこで父・典仁親王に上皇の尊号を贈ろうと考え、尊号宣下を強行しようとした。

閑院宮典仁親王の家禄は一千石だったが、上皇になれば七千石になる。

光格天皇の願いに対して首席老中・松平定信は、

「天皇になったあと上皇になるのだから、天皇にならなかった人を上皇とする先例はない」と強く反対した。天皇にならなかった閑院宮典仁親王が上皇になることには大義名分がないし、朝廷が勝手に典仁親王を上皇にして、七千石への加増の請求書を幕府に回されても困る。

関白鷹司輔平は光格天皇と幕府の間に立って調整不能となり、右往左往した。

すると光格天皇は強い意志を示して関白鷹司輔平（典仁親王の実弟。光格天皇の叔父）を解任し、自分の意向に従順な一条輝良《てるよし》を新たな関白に任じ、公卿四十一名に諮問してほぼ全員の賛同（反対者は前関白鷹司輔平とその子政熙《まさひろ》のみ）を得て、従順な正親町公明《きんあき》を武家伝奏に任命。寛政四年（一七九二年）九月十五日に京都所司代に対して尊号宣下の実行を通告した。

これを聞いて激怒した定信は尊号宣下を推進する議奏・中山愛親《なるちか》と武家伝奏・正親町公明を江戸に呼びつけ、寛政五年（一七九三年）二月、厳しい尋問のうえ両名を解任し、中山愛親を閉門（昼夜の外出を禁止）百日、正親町公明を逼塞五十日（日中の外出を禁止）に処した。事態を憂慮した前関白鷹司輔平は光格天皇を説得して典仁親王を上皇とすることをあきらめさせ、定信に典仁親王の待遇改善を求め、親王を二千石へ加増して決着した。

## 大奥の改革

大奥という女の園は奢侈《しゃし》・贅沢《ぜいたく》の温床で、大奥の経費は一年に約二十万両だった。御女中衆が妍《けん》を競うのだから、衣装・櫛《くし》・かんざしなど膨大な経費がかかる。これを江戸の町などから購入するのだから職人や商人は潤《うるお》ったが、その費用は農民が納める年貢収入に依存している。だから農民が納める年貢収入で都市の商人・職人が潤い、農村VS都市の貧富の差は一段と拡大する。

定信は、天明七年（一七八七年）八月四日、三年間の厳格な倹約令を下した。大奥にも倹約を求め上臈御年寄の滝川、大崎、高橋に倹約掛を命じ、大奥の会計を担当する役人を入れ替え、経費を削減させた。大奥が発する文書を入れた文箱は長さ九尺ほどの総《ふさ》のついたフクサの紐で巻かれていたので、紐の簡素化を求めると、大奥は、

「これは御寿命紐といい上様のご長寿を祈る物である。上様の御寿命を縮めよと仰せか」

と逆襲した。定信はこうした困難のなか、大奥の経費を約三分の一にまで減らした。

一方、大奥では定信の剛腕に不満が鬱積していた。大奥の不満について服部半蔵（伊賀忍者の子孫。幕府内の情報を収集していた。）は天明八年（一七八八年）三月頃、定信に、

「大奥女中が定信の毒殺を企んでいるとの噂があるので、殿中では湯を飲まぬよう」

と警告している。

定信はこうした厄介な大奥に手を入れ、在任中に上臈御年寄八人のうち五人を解任する。前述のとおり天明六年（一七八六年）に八人いた上臈御年寄りのうち、定信の老中就任に反対した高岳と滝川は定信が老中に就任するとほどなく大奥を去る。こののち定信は、寛政元年（一七八九年）十一月、家斉の乳母をつとめた大奥の実力者の上臈御年寄大崎を、

「家斉の御台所・寔子付の女中衆と将軍家斉付の女中衆の間に対立を生じさせた」

として解任した。また定信は、寛政四年（一七九二年）八月二十二日、上臈御年寄の梅野井と高橋を解任した。この老女高橋は将軍家斉の愛妾お万の方のおばである。前述のとおりお万

の方が寛政四年七月に家斉の長男竹千代を産むと、お万の方付の御女中らが、

「竹千代君を将軍にするため、御台所が女児しか産めないよう呪った」

とされている。これを聞いて正妻・寔子付の御女中衆は激怒している。この対立解消のため、お万の方のおばである上臈御年寄高橋を解任したのだ、とされる。

前述のとおり将軍家斉は「象徴将軍」になって大奥という将軍の家庭に入りびたり、政務の一切を首席老中松平定信にゆだねた。大奥は将軍の家庭であり、首席老中といえども立ち入ってはいけない領域だったのである。

江戸の町は「火事と喧嘩は江戸の華」といわれる武士・職人などの荒々しい武家社会だが、江戸城大奥だけは京都から招いた将軍御台所や上臈御年寄など上級公卿の娘らによる京風の文化が息づいていた。京風文化は「京の着倒れ」といわれる贅沢な消費文化である。

かかるなか松平定信が大奥に倹約を求めたり、将軍家斉の乳母大崎や愛妾お万の方のおば老女高橋を解任したことが、将軍家斉の勘気《かんき》をかったのだろう。

老中ら幕閣が大奥に口を出すことは御法度《ごはっと》（絶対にしてはいけないこと）だったし、大奥が老中ら幕閣の人事に口を出すことも御法度だったのである。

## 財政再建の成果

前述のとおり、幕府の貯金額は明和七年（一七七〇年）には三百万両余ほどあったが、天明の大飢饉などのため財政支出が拡大し、天明八年（一七八八年）には八十一万両余に減少したので、定信は天明七年に倹約令を下し、大奥の経費削減など緊縮政策を実行して財政再建に努めた。この結果、備蓄金は二十万両ほど積み上がり、定信退任後の寛政十年（一七九八年）には百七万両余まで財政を健全化させた。改革は一定の成果をあげたのだ。

しかし、その厳しい政治姿勢は、

「白河の　清きに魚も　すみかねて　もとの濁りの　田沼こひしき」

と揶揄《やゆ》されるほどだった。

定信三十六歳は、寛政五年（一七九三年）七月二十三日、辞任を命じられ老中並びに将軍補佐の職を辞し失脚した。結局、定信の老中在任はわずか六年だった。

定信は解任と同時に官位が少将（左近衛権少将）へ昇進し、溜詰となり待遇は向上した。溜詰の座順は筆頭が正四位下左近衛権中将会津藩主松平容頌《かたのぶ》、従四位下侍従松山藩主松平定国、彦根藩主井伊直中という順番だったが、左近衛権少将定信は会津藩主松平容頌に次ぐ格式を得て、面目を施したのである。失脚した定信が多年の精勤を賞されて円満な卒業という形になったのは、徳川幕府の「柔構造」を示すものである。

定信の退任は、天明の大飢饉から幕府財政が回復しつつあるなか、内政問題、外交問題とまだまだ問題山積するなかでの突然の辞任だったから、落首にて、

「五、六年　金も少々　たまりつめ（溜詰間）　かくあらんとは　誰も知ら川（白河藩主）」

と歌われた。

定信は五十五歳になった文化九年（一八一二年）四月、多病のうえ腰痛であることを理由に、嫡男定永に家督相続して隠居した。以来、楽翁と名乗って若い頃からなじんできた和歌にしたしみ、親しい林述斎、肥前平戸藩主松浦静山、画家谷文晁、国学者塙保己一らと歌会を催したりしていた。このほか定信の名声を慕って伊予大洲藩主加藤泰済《やすずみ》、越後村上藩主内藤信敦《のぶあつ》、伊予松山藩主松平定通《さだみち》など藩政改革に取り組む若い大名たちが教えを請いに集まってきた。そのうちの一人小田原藩主大久保忠真《ただざね》は財政再建に努めるとともに二宮尊徳を善行人として篤く表彰した。

そして肥前唐津藩主水野忠邦二十一歳が藩政改革に意欲を燃やし、文化十一年（一八一四年）二月二十七日、定信を訪ねて教えを請うた。こののち水野忠邦は肥前唐津藩の藩政改革に取り組み、さらに全国レベルの改革として「天保の改革」に取り組むのである。

第六章

# 寛政の遺老による「寛政の改革」の継続

## 首席老中松平信明《のぶあきら》の蝦夷地経営

前述のとおり松平定信が寛政五年（一七九三年）七月に解任され失脚した理由は、定信が将軍の家庭ともいうべき大奥に手を入れ、将軍家斉の勘気にふれたためである。

将軍家斉の真意は、

「寛政の改革を継続せよ。ただし大奥には絶対に手をつけるな」

ということで、「寛政の改革」の継続を望んでいたのである。

だから定信が抜けた後は、定信の下で「寛政の改革」に携わり「寛政の遺老」と呼ばれた松平信明《のぶあきら》（三河吉田藩主）が首席老中となり、同じく寛政の遺老である戸田氏教《うじのり》（美濃大垣藩主）や牧野忠精《ただきよ》（越後長岡藩主）らによって「寛政の改革」は継続された。首席老中となった松平信明は、定信から、

「才能があって重厚であるので、彼に勝《まさ》る人はいない」

と評された知恵者で、将軍家斉の奢侈を戒め、家斉の側近らの規律を正す。

首席老中松平信明は、ロシアへの対処を強化すべく、蝦夷地の開発問題に取り組んだ。

前述のとおり松前藩は秀吉や家康に蝦夷地の希少特産を献上して本領安堵されたのだから軍事力がきわめて脆弱だった。そのうえアイヌ民を保護する意識が乏しかったから、

「蝦夷地を松前藩に任せていては、強大な軍事国家ロシアの侵略を防ぐことはできない」

と判断。松前藩九代藩主松前章広（在位：寛政四年〈一七九二年〉〜天保四年〈一八三三年〉）の参勤交代を寛政九年（一七九七年）に免じ、蝦夷地経営に専念させた。

さらに松平信明は寛政十年（一七九八年）四月、目付・渡辺久蔵、使番頭・大河内政寿、勘定吟味役・三橋成方に蝦夷地の調査を命じ、近藤重蔵、最上徳内らを含む一八〇名の蝦夷地調査団を派遣した。調査団が五月に本営となる松前に到着すると渡辺久蔵は松前に陣取り、大河内政寿が東蝦夷地、三橋成方が西蝦夷地を巡回した。近藤重蔵と最上徳内は大河内の配下として東蝦夷地を巡見し、国後島《クナシリ》と択捉島《エトロフ》を踏査し、七月に択捉島南端のタンネモイに「大日本恵《え》登呂府《とろふ》」という標柱を建てて領土権を主張した。このとき択捉島には約七百人のアイヌ民がいて穴居していた。蝦夷地の現況を巡視した渡辺・大河内・三橋は十一月に江戸へ戻り復命した。

首席老中松平信明は調査団の報告をもとに、寛政十年年十二月二十七日、力量が見込まれた書院番頭松平忠明（旗本五千石。松平信明とは無関係）を筆頭とする「蝦夷地取締御用掛」を設け、その下に勘定奉行石川忠房、目付羽太正養、使番頭大河内政寿、勘定吟味役三橋成方を配し五人は「蝦夷地御用掛の五有司」と呼ばれた。

年が明けて寛政十一年（一七九九年）一月十六日、首席老中松平信明は東蝦夷地（北海道東部の太平洋側）の知床半島までを期間七年間の仮上知（仮に召し上げること）して幕府の直轄地とし、東蝦夷地の警備を弘前藩津軽家と盛岡藩南部家に命じた。そこで弘前藩津軽家と盛岡藩南部家は箱館に陣屋を置き、弘前藩津軽家は勤番所を択捉に、盛岡藩南部家は勤番所を根室、国後、択捉に置き、各々五〇〇人の足軽を配置した。前述のとおりアイヌ民の保護についてはは幕府直轄の御救交易をおこなっているが、国防についても幕府みずからあたることとしたのである。

そして蝦夷地取締御用掛五有司が、幕府が仮上知した東蝦夷地の開発にあたった。

蝦夷地取締御用掛五有司は蝦夷経営の基本方針を、

「蝦夷地は日本国の領土であるから断固として守り、ロシアに備える。そこに住む和人とアイヌ民は日本国民であるから、いずれも撫育《ぶいく》(支援し育成すること)する。アイヌ民は御救交易による公正な商取引によって保護し、アイヌ民の不満を解消させる。アイヌ民の生活様式を尊重し、風俗を日本風に変えたり農耕を勧めるなどの教化はしない」

と定めた。すなわちわが国は、単一民族というより、複数民族共生社会だったのである。

こうして蝦夷地取締御用掛のもとで、蝦夷地開発計画が寛政十一年にスタートした。

蝦夷地御用掛筆頭松平忠明は寛政十一年二月に蝦夷地へ赴き、みずから根室から標津《しべつ》に至るまで巡察し、御救交易が順調に行われていることを確認し、運上屋を会所へ改編させ、道路・交通を整備させ、各所に医師を配置するなどの施策を行った。

当時、松前あたりから厚岸、根室、国後島、択捉島など東蝦夷地に行く和人は、海岸に沿って歩いた。アイヌ民はおもに川岸や海辺に住み移動は小舟を使ったので、内陸の交通は前人未到だったからである。しかし日高山脈の先端が海にいたる襟裳岬付近は断崖絶壁が海に迫り、荒波が岸辺に打ちつけるので、海岸の通行が困難な難所だった。

そこで松平忠明は襟裳岬付近の様似《さまに》—幌泉《ほろいずみ》（えりも町）の様似山道、幌泉—ビタタヌンケ（今の広尾町の南方）の猿留山道など道路開削を行わせた。そして様似、白糠、釧路、昆布森、厚岸など十カ所に旅宿所を建てさせて江戸へ戻った。

さらに高田屋嘉兵衛が寛政十一年に国後～択捉間の航路（択捉航路）を開いた。

高田屋嘉兵衛は淡路島に生まれ兵庫へ出て水夫になるや頭角を現して船頭に昇格し、寛政八年（一七九六年）に千五百石積みの「辰悦丸」を手に入れた。寛政九年（一七九七年）には蝦夷地まで商売の手を広げ、兵庫で酒、塩、木綿などを仕入れて酒田へ運び、酒田で米を買って箱館に運び、箱館では米を売って魚・昆布・魚肥を仕入れて上方で売る商売を行っていた。かかるなか高田屋嘉兵衛は、択捉島開拓に取り組んでいた近藤重蔵に依頼され、国後島～択捉島の航路を開拓したのである。この海峡（国後水道）は濃霧に閉ざされた狂瀾怒涛の海峡で、小舟で渡るには沈没の危険が高く恐れられていた。高田屋嘉兵衛は国後島北東端に立って潮流を観察した結果、

「海峡には西蝦夷海岸から、オホーツク海から、北太平洋から三つの潮流が流れ込んでぶつかり、激浪を巻き起こしている」

と看取し、三潮流の出会う場所を避ける迂回航路を発見して択捉航路を開いたのである。

幕臣近藤重蔵は寛政十二年（一八〇〇年）に択捉島および得撫《ウルップ》島を綿密に調査し、同年四月に国後島の泊《トマリ》でアイヌ民の酋長らに酒やタバコを振る舞い、同年閏四月には択捉島の老門《オイト》と紗那《シャナ》に会所を設けて幕府役人を常駐させ、ロシアへの最前線を構えた。国後島・択捉島における交易も幕府が管理する御救交易になり、こうしたアイヌ民保護政策により、幕府は東蝦夷地の統治権を確立したのである。

近藤重蔵は同年六月に択捉島民の人別帳（戸籍のこと）を作成し、七郷二十五カ村の郷村制をしき、七月には択捉島北端のカモイワッカ岬に「大日本恵登呂府」の標柱を建てた。このため「大日本恵登呂府」の標柱は択捉島の南端と北端に建てられたのである。

高田屋嘉兵衛は寛政十二年に択捉島で漁場十七か所を開き、アイヌ民に漁法を教えた。

東蝦夷地が幕府の直轄地になると、江戸から東蝦夷地への直航ルートの開発が急務となった。そこで幕府天文方の堀田仁助《にすけ》（津和野藩士）が、寛政十一年（一七九九年）、江戸から厚岸《あつけし》への航路を開拓するよう命じられ、西洋測量術を駆使して宮古―厚岸間の航路を開拓。さらに東蝦夷地周辺の海図を作成した。

こののち伊能忠敬が寛政十二年に蝦夷地の測量に赴いた。伊能忠敬は幕府天文方高橋至時《よしとき》と地球の大きさを計算しようと考え、

「角度一度にあたる距離を歩測して三百六十倍すれば、地球の全周を算出できるはずだ」

と考えめぐらせていたころ、蝦夷地開発ブームが沸き起こったので、

「蝦夷地の正確な地図を制作するとともに地球の大きさを計算しよう」

と考え、蝦夷地取締御用掛・松平忠明に願い出て許された。名主とはいえ農民に過ぎない伊能忠敬は松平忠明に、

「私は若い時から数術が好きで、天文も心掛けるようになり、高橋至時様の門弟になったおかげで観測もできるようになりました。将来ためになる地図を作りたいと思いますが、御大名や御旗本の御領内や御知行所に棹や縄を入れて距離を測ったりすれば御役人衆のお咎《とがめ》にあうでしょうから、私のような低い身分ではできないことです。しかしありがたいことに御公儀の御声掛りで蝦夷地に出発できるようになりました。蝦夷地や奥州から江戸までの海岸沿いの地図を作って差し上げたいと存じます。この地図が御公儀のお役に立てばありがたいことでございます。地図の完成にはおよそ三年ほどかかるでしょう」

と述べている。

忠敬一行は寛政十二年閏四月十九日に江戸を発《た》ち、奥州街道を北上しながら測量して一日に約四十キロを歩き、五月十日に津軽半島最北端に到達。こののち船で津軽海峡を越えて箱館に入り様似、幌泉、釧路、厚岸、根室付近まで海岸沿いを測量した。

このとき忠敬は、蝦夷地取締御用掛に雇用され蝦夷地にいた公儀隠密間宮林蔵と出会い測量技術を伝授したので、間宮は忠敬がやり残した測量を行い蝦夷地図を完成させる。

忠敬が全国を測量して文政四年（一八二一年）に完成する『大日本沿海輿地全図』は、国家最高機密文書として幕府の紅葉山文庫に納められる。

前述のとおり襟裳岬付近の海岸は交通の難所だったから松平忠明が様似山道、猿留山道を開削させたが、さらなる抜本的解決策として沙流川河口から上流にいたり日高山脈を越えて十勝平野へ入り十勝川をくだって河口にいたる内陸道路の開削が構想された。寛政十二年に実地踏査を命じられた皆川周太夫（農民）は十勝川を河口から登って上流にいたり、ヒグマなどが常時往来して踏み固めた獣道などを歩いて日勝峠付近で人跡未踏の日高山脈を越え、沙流川の上流から沙流川河口へ出た。これが現在の国道三十八号の前身である。皆川周太夫は幕府に、「もし道が拓《ひら》かれ人々が往来しやすくなれば、山の中にも自然と民家ができ、その界隈《かいわい》が開かれ、この地域が開発される土台となるでしょう」

と述べている。北海道内陸の道路は、幕府によって拓《ひら》かれたのである。

こののち「ロシアに蝦夷地進出の徴候あり」と判断されたので蝦夷地対応を強化するため、享和二年（一八〇二年）二月二十三日に蝦夷地取締御用掛は「蝦夷地奉行」に改組され、蝦夷地御用掛五有司の一人だった羽太正養が蝦夷地奉行に任命された。蝦夷地奉行は同年五月十一日に「箱館奉行」と改称された。

また仮上知だった東蝦夷地は七月二十四日に永久上知となった。

## 老中土井利厚の登場と首席老中松平信明の辞任

古河《こが》藩主土井利厚が享和二年（一八〇二年）十月十九日に老中に就任した。これは将軍家斉の愛妾お美代の方が推薦したから実現したのである。前述のとおり多くの願い事は中野石翁から お美代の方をつうじて将軍家斉に請願すればなんでもかなうようになっていた。土井利厚《としあつ》は将軍家斉の寵を得て寺社奉行になったが更に老中へ昇任することを熱願して家斉への付け届けを怠ることなく、家斉から浜御殿でとれた冬瓜《とうがん》三個や金魚、江戸城御庭の菊苗一鉢などをお美代の方を介して下賜されると、拝領御礼に植木二鉢、緋鯉一匹をお美代の方をつうじて将軍家斉に献上した。

付け届けとか賄賂といっても簡単ではない。家斉は華道を愛し、自ら花を生け、小姓たちに花器を与えるなどしていた。だから家斉に花器を贈ろうとしても、家斉は銀製を嫌い金製を好んだとも、金銀という野暮でなく千利休のような質素な「わび風」を好んだともいわれ、本当のところはわからない。家斉は芸術家肌で、好みがうるさいのだ。

だからお美代の方に尋ねてみないと進物さえできない。

土井利厚は家斉が鯉といえば安房の鯉を、家斉が竹といえば駿河の真竹を届けた。

家斉は椿を望んだが、季節の移ろいは早く椿の盛花は得られず、献上した椿は却下された。そこで土井利厚は旬をすぎた椿の代わりに小鳥のセキレイを献上した。すると家斉は相好をくずして喜んだ。こうした機敏な対応は、お美代の方を介さないとできない。

こうしてお美代の方は、老中候補者と将軍家斉との間に立って老中の選任という絶大なる権力を確立してしまう。お美代の方にはそうした世俗的な辣腕と伎倆《ぎりょう》があった。こうして老中の選任権は将軍家斉、お美代の方など大奥有力者、中野石翁ら将軍と大奥をつなぐ側近集団（御側御用取次・小納戸頭取など）に握られてしまった。

土井利厚はお美代の方の推薦により老中の座に就《つ》いたのである。

老中になった土井利厚は、将軍家斉の「虎の威をかるキツネ」となって威張りだした。

そもそも家康の頃の幕政は三河以来の譜代大名が老中となって堅固な幕藩体制を構築し、八代将軍吉宗は「享保の改革」で側近政治を排し、三河以来の譜代大名を重用して御三家の意向を尊重し家康の時代を模範とする堅固な幕藩体制を再構築した。

しかるに将軍家斉はこれをすっかり壊して三河以来の譜代大名や御三家を排し、愛妾お美代の方が老中候補者と将軍家斉の間に立って、老中の選任という絶大なる権力を確立し、幕政を将軍家斉と大奥の二人三脚の政治に組み替えてしまった。

そしてこののち大奥は、幕末にいたるや将軍の選定権まで手中に収めるにいたる。

松平定信はこうした事態になったことを、享和二年（一八〇二年）、『心の双紙』に、

「かつて盛んだった唐の賢君玄宗皇帝は楊貴妃に心を奪われて、唐は滅んだ。同じようにかつ

てはまともだった将軍家斉は愛妾に心を奪われて、幕府を滅ぼすことになるだろう」との予言を記して、前途を憂いた。

かかるなか内政・外交に辣腕を振るった首席老中松平信明は、将軍家斉に寵愛されてしゃしゃり出た新老中土井利厚との軋轢を自覚し、享和三年（一八〇三年）十二月二十二日、病気を理由に老中を辞任し身を引いたのである。

## 老中土井利厚がロシア使節レザノフの通商希望を拒否

松平信明の辞任後、「寛政の遺老」である戸田氏教が老中首座になったが、将軍家斉に寵愛されて新しく老中になった土井利厚がしゃしゃり出た。そして翌年の文化元年（一八〇四年）九月六日にロシア使節レザノフが通商交易を求め、かつて松平定信がラックスマンに与えた信牌を持って長崎に来航すると、老中土井利厚がこの問題を取り扱った。

信牌は「おろしや国の船長崎に至るためのしるしの事」と題して、

「切支丹の教は我国の大禁也、其像および器物、書冊等を持渡る事なかれ。必ず害せらるることあらん。此旨よく恪遵《かくじゅん》して長崎に至り、此子細を告訴すべし。猶研究して上陸をゆるすべき也。夫が為此一張を与うる事しかり。

石川将監　印

あだむらっくすまん　え」

というものである。ラックスマンに信牌を与えた宣諭使石川将監忠房は幕府の立場を、
「ポルトガルが貿易をネタに、キリスト教を布教したうえ天草四郎らキリシタンを扇動して蜂起させ日本を征服しようとした。だから鎖国して、キリスト教流入を阻止するのだ」
と伝え、貿易希望があるならキリスト教布教を断念することが前提である、と念を押したのである。

前述のとおりラックスマンを日本へ送ったエカテリーナ二世は、
「かつて日本は征服欲にかられたポルトガルのキリスト教布教に恐怖を抱いて鎖国体制に入ったが、オランダが布教せず穏健な態度で商売に専念したので、最近は欧米人に対する警戒心も低下したようだ。日本はキリスト教布教に恐怖を抱いて鎖国体制に入ったのだから、トラブルの種とせぬため、日本人漂流民のうちキリスト教に入信した二名の者は今回は送還しない」
と指示したように、鎖国の目的がキリスト教の布教禁止であることを理解していた。

ロシアが日本との交易を望んだのは、前述のとおりアラスカ開発のため米、麦、織物などの輸入を希望したものであり、キリスト教を布教する意思はまったくなかった。

だから聡明な石川忠房とエカテリーナ二世なら、貿易交渉は進展したことだろう。

しかるに老中土井利厚が日本側代表になったから、話はメチャクチャになった。

ラクスマンは陸軍中尉だったが、レザノフは貴族だった。ロシア側は、

「ロシア使節を陸軍中尉から貴族へ格上げしたから、日露交渉は進展するだろう」

と考えたのだ。


遣日使節レザノフはサンクトペテルブルクに生まれた語学の天才で、東シベリアにおける毛皮事業およびアラスカ経営のため食料等を輸入すべく日本との貿易を望み、皇帝アレクサンドル一世の親書を携え、松平定信が十一年前にラックスマンに与えた信牌を持って日本へ向かった。対日交渉の名目は日本人漂流民の津太夫らの送還だったから、船中で日本人漂流民から日本語を学びながら文化元年（一八〇四年）九月六日に長崎湾へ入った。

レザノフの船と兵隊

すると幕府役人が小舟でこぎ寄せたので、レザノフが信牌を見せると、幕府役人は、

「信牌を渡してから四年間、ロシア船の来航を待っていた。さらに四年間、来航を待った。しかしロシア船は来なかった。だから『もうロシア船は来ない』とあきらめていた。なぜ今頃になってから来たのか」

と問いただした。そこでレザノフは、

「欧州でナポレオン戦争があったからだ」

と正直に答えた。

その夜、長崎奉行手付・行方覚右衛門ら二十余人が、オランダ商館長ドゥーフを伴って、船を訪れた。ロシア使節レザノフは、

「オランダは、貿易独占を守るため、ロシアの貿易参入を嫌っている」

ことを知っていたから、オランダ商館長ドゥーフにフランス語で、

「ロシアが輸出したいのは魚、脂、なめし皮などである。オランダの貿易利益を損じない」

と釈明した。しかるにオランダ商館長ドゥーフはレザノフにフランス語で、

「日本には魚、脂、なめし皮の購入希望はない」

と嫌味を言った。二人の会話はフランス語だったから、幕府役人には分からなかった。

しかし出だしがこうだったから、ロシア貴族であるレザノフは、

「日本は、オランダを通じてロシアを見るなよ。オランダは軍事力が弱体な三流国だ。ロシアは強大な軍事力を持つ一等国だぞ」

と、相当に気分を害した。

実は長崎の出島は寛政十年（一七九八年）の火事で住居が燃えた後、再建されていないので、ロシア皇帝の使節レザノフらを宿泊させるにふさわしい宿舎がなかった。そこで幕府はレザノフらのため新たに家屋を新築したので、この間、レザノフらは船に留め置かれた。当時、長崎には日本人の経営するパン屋があったので、よく焼かれた白パン、豚肉、野菜、エビ、ジャガイモなどが船に届けられた。突貫工事で二カ月後にようやく新築の家（食堂と八つの部屋があ

り、レザノフの居室には見事な屏風があり、日本庭園がしつらえてあった）が完成したので、レザノフらは十一月十七日に上陸して新築の家に入った。

この十一月、長崎奉行所に赴任していた大田南畝が奉行所の検使としてレザノフらを訪れた寒い日、レザノフは大田南畝に日本語で、

「寒かり（寒い）。寒かり」

と語りかけた、と大田南畝は記録している。

この頃、気位の高い貴族であるレザノフは相当いらだち、十二月二十八日に幕府役人に、

「いつまで待たせる気か。もう忍耐は限界だ」

と訴えた。

このころ江戸の幕閣の間では、レザノフへの対応に、議論百出していた。

ラックスマンに信牌を与えた松平定信は既に失脚しており、将軍家斉から寵愛された老中土井利厚がしゃしゃりでていた。幕府のシンクタンクともいうべき昌平坂学問所の大学頭林述斎は、老中土井利厚に、

「ラックスマンに信牌を与えた経緯がある以上、礼節をもってレザノフと貿易交渉をするしかない」

と力説した。しかし土井利厚はこの提言をまったく聞き入れなかった。

そもそも老中土井利厚は外交にも内政にも政務への関心はまったく無く、ただ将軍家斉のご機嫌を伺いながら一日でも長く老中の座に座り続けることを最優先とし、家斉に、

「生意気なロシアを脅《おど》して追い払ったから問題は解決しました。ご安心ください」

と報告して一件落着にしようとし、

「レザノフに腹の立つような乱暴な対応をすれば、ロシアは立腹して二度と来なくなるだろう。もしロシアが怒って報復に出たら、弘前藩と盛岡藩に命じて武力で撃退すればよい。ロシアの武力など恐れるるに足らずッ！」

と短慮な強硬論を主張した。これが将軍家斉の寵臣土井利厚の姿勢だったのである。

そうは言っても大ロシア帝国が武力を行使したら、弘前藩と盛岡藩が束になってかかっても到底かなわない。しかし老中土井利厚はこういう現実論を一切無視した。

この間、レザノフらは来航から二カ月以上長崎湾の海上で待たされ、家屋が新築された後はそちらへ移ったが、何の回答も得られず、ただ待たされていた。

老中土井利厚はレザノフをさんざん待たせたうえ文化二年（一八〇五年）一月六日に通商拒否を最終決定し、目付遠山景晋《かげくに》を長崎に派遣した。二月三十日に長崎に着いた遠山景晋は、三月七日にレザノフを長崎奉行所に呼び出しレザノフに、

「通商を許すのはオランダ、清、朝鮮、琉球だけである。その他の国との通商は国禁である。このの ち二度と来日しないように」

と通達して通商の完全拒否を伝達し、レザノフを退去させた。このとき遠山景晋は、「懇切な申し出であったから、幕閣において厚く群議に及んだため、回答が延引した」と詫びを入れ、レザノフに真綿二千把、米百俵、塩二千俵を贈り、ロシア使節到着以来幕府が提供した日々の食料や艦体修理用の銅板などの材料費はとらなかった。

しかし老中土井利厚は意図的にロシア使節レザノフを侮辱し、慇懃無礼ともいうべき乱暴な対応をしたのである。こんな天に唾《つば》するような外交が通用するはずもない。

定信は、外交上の大失態ともいうべき土井利厚の強硬策を知ると、首席老中戸田氏教に、「このような信義を否定した外交は後難を招く」

と再三にわたり進言したが受け入れられなかった。首席老中戸田氏教としても、将軍家斉の寵愛深い土井利厚の独走に口を出すことはできず、ただおろおろするばかりだった。

首席老中戸田氏教にできたことは、一年後の文化三年（一八〇六年）一月二十六日に、日本に来航するロシア船を穏便に退去させるため、

「ロシア船を発見した場合は説得して退去させる。ロシア船が求めるなら薪、水、食糧を与える。決して上陸はさせない」

という微温的な「文化の撫恤令《ぶじゅつ》」を発布することだけだった。首席老中戸田氏教の対ロシア政策は一貫性のない場当たり的なものとなり、懊悩《おうのう》した戸田氏教は同年文化三年四月二十六日に老中在任のうちに病没した（享年五十二）。

そこで新たな首席老中に寛政の遺老の一人である牧野忠精《ただきよ》（越後長岡藩主）が就任したが、牧野忠精の首席老中在任は、わずか一カ月に過ぎなかった。牧野は長岡藩の新田開発など内政面での手腕はあったが対外政策の見識はなく、レザノフ来航後のロシア問題など対外問題の難局を乗り切る手腕が疑問視されたからである。

## 首席老中松平信明の復職

失脚していた松平定信は、将軍家斉の寵愛を得てしゃしゃり出た老中土井利厚の外交上の失態を見て対外的な危機感を強め、同憂の大学頭・林述斎が将軍家斉を説得し、辞任していた松平信明を文化三年（一八〇六年）五月二十五日に首席老中として復帰させた。

これは異例の復職である。

そもそも松平定信は将軍家斉の勘気にふれて失脚し、松平信明は家斉の不興を察知して身を引いたのである。松平定信も松平信明も将軍家斉から嫌われているのである。

そして外交上の大失態をしたのは、将軍家斉がもっとも寵愛する老中土井利厚なのだ。

しかるに将軍家斉の勘気にふれて失脚した定信は、将軍家斉に、

「貴方が寵愛する老中土井利厚は無能だから、私が信頼する松平信明に任せなさい」

と言って実現させたのである。失脚した定信はまだ余力を残していた、といえる。

定信は老中失脚後は白河藩主として軽輩の藩士の内職にキセル製造を勧めたり、城下に薬園

を設け朝鮮人参や附子など薬草を栽培させたり農民に生姜・たばこなど商品作物の栽培を奨励するなど白河藩の藩政に専念していたが、幕政についても隠然たる影響力を保持し、将軍家斉に耳の痛い意見を申し述べる相談役のような発言力を保持していたのである。

## 「文化露寇」というロシアの報復

老中土井利厚のロシア政策は大失態で、彼が開けた「穴」は大きすぎて、首席老中に復帰した松平信明を苦しめた。これが「文化露寇」または「フヴォストフ事件」(文化三年《一八〇六年》九月~文化四年《一八〇七年》五月)というロシアの報復だった。

前任者が「穴」をあけると、後任者は大変な苦労をする。土井利厚は、

「万一、強国ロシアが攻めてきたら、弘前藩と盛岡藩に撃退させればよい」

と無責任きわまりない安易なことを言ったが、弘前藩と盛岡藩がロシア軍の攻撃を撃退するというのは、軍事的にしょせん無理である。

しかしこれは現実問題となって、ふりかかってきた。

前述のとおりレザノフが半年も待たされたうえ文化二年(一八〇五年)三月に貿易を拒否され退去させられると、憤懣やるかたないレザノフは部下のフヴォストフ中尉に、

「日本は、大ロシア帝国の軍事力を軽視している。目にもの見せてやれ」

と命じた。このをちレザノフは食糧難におちいったアラスカ開拓地を救援するため、船でア

メリカ西海岸（当時はスペインの植民地だった）へ行って食料を調達し搬入した。こうした東奔西走のなか疲労し、一八〇七年（文化四年）五月に病死する。

一方、レザノフから命じられたフヴォストフ中尉は軍艦二隻「ユノーナ号」「アヴォーシ号」を率いて文化三年（一八〇六年）九月に樺太を攻撃し、アイヌ集落を襲ってアイヌの子供一名を拉致し、久春古丹にあった松前藩の番所を襲って米六百俵を奪ったうえ番所の番人富五郎ら四人を拉致し、番所・倉庫・弁天神社を焼き払って去った。

文化四年（一八〇七年）四月には択捉島へ攻め寄せ、内保にあった盛岡藩の番所を襲って五郎治ら番人五人を拉致し、米・塩・衣服等を奪って番所を焼き払った。その後、紗那を襲った。紗那に二百三十余人で駐屯していた箱館奉行支配調役戸田又太夫は「勝ち目なし」と判断して配下を退却させたうえ責任を負って切腹。ロシア兵は米・酒・甲冑・刀槍・鉄砲・旧式大砲三門を奪い、一名を拉致して去った。

これを「文化露寇」または「フヴォストフ事件」という。

将軍家斉は盛岡藩が番所を置く択捉島がロシア軍艦に襲撃されたことを知ると、

「徳川家基の怨霊がロシアの軍兵を率いて、自分に攻めかかってきたのだ」

という妄念にとらわれて恐怖のあまり戦慄し、周章狼狽して醜態をさらした。同じく驚愕畏怖した大奥の上臈御年寄が、家斉に、

「塩断ちして、八百万《やおよろず》の神々に、夷狄《いてき》降伏をお祈りなさいませ」

と懇願すると、家斉は祈祷をさせ七日間塩を口にしなかった。

家斉は「文化露寇」の原因が老中土井利厚の失態であることを認識せず、大奥の意向に従い夷狄降伏を祈る祈祷にわが国の運命をゆだねたのである。こうした家斉の酔狂を目の当たりにした幕閣は困り果て、以来、家斉に外患や一揆など内憂を報告しなくなった。

このため家斉は天下泰平の夢のなかに生きる酔生夢死におちいったのである。


しかし実務担当者は、現実的対応を行わなければならない。

首席老中松平信明は事態を重視し、ロシアの襲撃に備えて蝦夷地の沿岸を防備するため弘前藩・盛岡藩・秋田藩・庄内藩の藩兵合計三千人を蝦夷地の要地に配備した。

場合によっては、ロシアと全面戦争になるかもしれない。その態勢づくりも必要である。

だから松平信明は松前藩主を江戸へ呼びよせ、文化四年（一八〇七年）三月二十二日、

「西蝦夷地の儀、その方行き届きがたき段、容易ならざるにつき、西蝦夷一円召し上げ候」

と通達して松前藩から松前を含む西蝦夷地を永久上知した。前述のとおり東蝦夷地は既に永久上知となっているから、これにより全蝦夷地が幕府の直轄地となった。

そして松前藩は、文化四年七月十七日、代替地として陸奥国梁川九千石を与えられた。

松前藩は一万石格だったから陸奥国梁川へほぼ同額の九千石で転封となったのだが、実収高

は三～四万石だったから約三百五十人の藩士を召し抱えていた。しかし九千石では約九十人の藩士しか召し抱えることはできない。だから梁川へ移ったのは九十三人だった。残りの二百五十余人は地元に残って函館奉行の配下などになったのである。

なお箱館奉行所は文化四年に松前へ移転し、箱館奉行は松前奉行に改称される。

フヴォストフ中尉は樺太や択捉島から拉致した番人らのうち八名を、文化四年六月に釈放した。このとき彼らにロシア語とフランス語による松前奉行あての書状を託し、ロシアの立場を主張した。この書状には日本人番人による日本語訳が付けられていた。それは、「マツマエオブギョウサマ（松前御奉行さま）、チカクキンジョノコト（近く近所のこと）なので（ロシアは）トカイアキナイ（渡海商）を願い、長崎に使者を送ったが返事もないのでハラタチテ（腹が立って）、テナミミセ（手並みをみせ）候。キカナイトキニハ（幕府が通商を開かないなら）、キタノチヲトリアゲモウスベク（北の地を取り上げ申すべく）」というものである。なお松前奉行羽太正養は、文化露寇の責任を問われ、文化四年（一八〇七年）十一月に松前奉行を罷免された。

文化五年（一八〇八年）に会津藩と仙台藩に出兵命令が下り、仙台藩から六百人が出兵。会津藩は同年一月に総勢一千五百余人が会津若松を出発し、約半年間、最前線の樺太、利尻島、宗谷岬に駐留した。これを「会津藩の樺太出兵」という。幕府は何か困難が生じると、すぐ会津藩をあてにするのだ。このときもそうだった。

家老内藤源助信周が率いる会津兵五百人は宗谷岬の稚内に本営を置き、台場や見張り台を設置した。このとき荷役作業を手伝ったアイヌ民に賃金を払ったうえ土産に米や煙草を与えると、アイヌ民は大いに喜びアイヌ踊りを披露したので、気をよくした会津藩士がさらに握り飯を与えると、アイヌ民は、

「こんな貴重な物は自分だけで食べる訳にはいかない。子供たちに食べさせる」

と言って大事そうに持ち帰った、という。

番頭梶原景保は二百人を率いて利尻島へ進出した。

家老北原采女光裕の指揮する八百人が樺太へ上陸すると、久春古丹の焼け跡には弁天神社の鳥居が焼け残っているだけだったので、警備陣営を再建してロシア兵の襲撃に備えた。二年前のロシア兵の来襲で集落を焼かれ子供を拉致されたアイヌ民たちは、会津藩の進出で安心したようだ。ロシア兵はナポレオン戦争のため西方へ引き上げたためロシア兵との交戦はなかったが、多くの会津藩兵が野菜を摂取できないことによるビタミン不足で水腫病にかかった。このときアイヌ民が、

「野草や、嵐や強風で浜辺に打ち上げられた昆布など海草を採取して食べると良い」

と教えてくれた。会津藩は漢方薬の研究に力を注ぎ御薬園で薬草約四百種を栽培していたの

で、出征部隊に水腫病に効果があるとされる朝鮮人参・熊の胆・干し生姜・梅干しなどを送った。さらにアイヌ民が昆布など海草の摂取を教えてくれたのだ。会津藩は樺太警備からの帰路、嵐で船が難破し五十一名の死者を出したが、ビタミン不足による死亡者はいなかった。会津藩の樺太出兵は『会津藩唐太出陣絵巻』という絵巻に描かれている。

同じく蝦夷地防備を命じられた弘前藩（津軽家）は「津軽藩士殉難事件」という犠牲を払うことになった。弘前藩（津軽家）の藩士二百人が文化四年（一八〇七年）七月九日に宗谷へ、百人が七月二十九日（西暦九月一日）に知床半島西岸の斜里へ入って警備を開始したが、間もなく本格的な冬を迎え、陰暦八月二十八日には初雪が降り、陰暦十月（西暦十一月）には病人が発生した。越冬用に持ち込んだ米や味噌など食料備蓄は豊富だったし、「加味平胃散」という薬や酒を差し入れたが、ビタミン不足を解消することはできなかった。海は流氷に閉ざされ魚や海藻など生鮮食材を得ることは出来ず、ビタミン不足で水腫病を患う者が続出。斜里では百人中七十二人が水腫病で死亡し、宗谷でも二百人中三十余人が死亡した。

春が来て流氷が去った文化五年閏六月二十四日、斜里の海岸に救援船が現れ、生存者は宗谷岬沖を回り津軽海峡を越えて八月十五日に弘前へ帰着した。

会津藩の樺太出兵は、間宮林蔵の樺太探検の先駆けとなった。

幕府から樺太探索を命じられた間宮林蔵は、文化五年四月、樺太最南端の白主から出発して東岸を北上。途中から最狭部を横断して西岸へ出て西海岸を北上してラッカに至り、樺太が半島でなく島であることを確認して「大日本国国境」の標柱を建てた。さらに海峡（間宮海峡）を渡ってアムール川を河口からさかのぼり、清国の役所が置かれたアムール川沿岸の町デレンまで足を踏み入れた。林蔵の本業は将軍家御庭番・公儀隠密であり、樺太探検はロシア・清国の情勢を探る公儀隠密としての仕事だった。林蔵は変装の名人でアイヌ民や乞食など様々な姿に変装したが、乞食に変装したときのことについて、のちに、

「着衣がボロボロなので、幕府から預かった活動資金を懐中に隠すのに苦労した」

と述懐している。確かに、乞食が多額の金子を持っていたら、怪しまれる。探索を終えた林蔵は、文化六年（一八〇九年）十一月、松前奉行所に帰着報告をした。報告によれば、

「樺太にロシア人は定住していなかった」

とのことである。

余談であるが、前述の文化露寇に触発された大坂の講談師の南豊亭永助が文化五年（一八〇八年）に『北海異談』という全二十巻の近未来小説を著したところ、幕府の怒りに触れ、永助は打首・獄門の厳罰に処された。

『北海異談』のあらすじは左記のとおりである。

「ラックスマンが来航したのちレザノフが来航し文化露寇がおきた。腹を立てたロシアは、朝

鮮と軍事同盟を結んで、蝦夷地を占領した。この国難に仙台藩の豪傑片倉小十郎が立ち上がり、奥羽諸藩の軍勢を率いて救援にかけつけた。ロシアとの最後の戦いは幕府と諸藩の連合艦隊がロシア艦隊と戦う『函館沖海戦』となり、幕府と諸藩の連合艦隊がロシア艦隊を撃滅する劇的勝利となり、蝦夷地を奪還した」

これはのちの日露戦争（明治三十七年〜）を想起させる近未来小説であるが、幕府としてはロシアとの友好・非戦を模索していたのだから、永助は厳罰に処されたのである。

## フェートン号事件

首席老中松平信明の文化五年（一八〇八年）八月、西の玄関口長崎で、「フェートン号事件」が発生した。ヨーロッパで起きたナポレオン戦争の余波が日本に及び、イギリス軍艦フェートン号が長崎湾へ強行侵入したのである。

一七八九年にフランス革命が勃発し国王ルイ十六世が一七九三年一月二十一日にギロチンにかけられるとヨーロッパ中が震撼し、反革命を目指すイギリス、オランダ、スペインなどが対仏大同盟を結成した。これに対しフランス軍はオランダへ猛攻をしかけて一七九五年に占領。ナポレオンの弟ルイ・ボナパルトが一八〇六年にオランダ国王になった。オランダがフランスに支配されると世界各地のオランダ植民地は、バタヴィア（ジャカルタ）を含め、すべてフランスの支配下におかれた。

一方、イギリスはフランスに対する敵意をむき出しにし、フランス領となったオランダの海外植民地を攻撃。イギリス艦隊は一八〇六年にバタヴィアを襲撃し、さらに東シナ海の各港へ避難したオランダ船を追撃した。そしてイギリス軍艦フェートン号がオランダ船を発見・拿捕・撃沈すべく、文化五年八月十五日（一八〇八年十月四日）、長崎湾に強行侵入した。これがフェートン号事件である。

フェートン号はオランダ国旗を掲げオランダ船のふりをして長崎湾内へ入ったので、これを信じたオランダ商館員のホウゼンルマンとシキンムルの二名が水先案内のため小舟で漕ぎ寄せたところ拉致された。そしてフェートン号はオランダ国旗を降ろしイギリス国旗を掲げて正体を現したうえ、オランダ船が島陰などに隠れていないか探索すべく、湾内へ深く侵入したのである。かかる事態に長崎奉行松平康英は、フェートン号に、

「イギリス船の入港は国禁である。オランダ商館員を解放し、直ちに出航せよ」

と書状で要求した。しかしフェートン号からは、長崎奉行に、

「オランダはイギリスの敵である。長崎奉行はフェートン号に水と食料を提供せよ」

との居丈高な返書があっただけだった。

長崎奉行松平康英は事態を憂慮した。フェートン号を焼き討ちまたは拿捕しようとしたが、長崎御番（長崎を警護する役目）の佐賀藩は天下泰平の惰眠を貪り、本来なら一千名の警備兵を駐屯させておくべきところ十分の一の約百名しか駐屯していなかったのだ。

そこで松平康英は急遽、大村藩、久留米藩、熊本藩、薩摩藩など九州諸藩に応援の出兵を命じたが、援軍が到着するには時間がかかる。

一方、フェートン号は、翌十六日、二人の人質のうちシキンムルを手元に残し、ホウゼンルマンだけを釈放したうえ、代償として水、食料、薪の提供を要求し、

「要求をのまなければ、湾内の日本船を焼き払う」

と最後通牒を突き付けた。そして長崎湾内をくまなく巡視・探索した。

松平康英はシキンムル商館員を人質に取られているうえ、充分な兵力もないので、なす術《すべ》もなく、

「水は腐るから一日分を提供する。明日以降の分は、明日以降に充分な量を提供する」

と述べて水は少量だけを提供し、応援兵力が到着するまで時間稼ぎをすることとした。

長崎奉行所が一日分の水と食料（米・野菜・豚・牛・ヤギなど）と薪を小舟に積んでフェートン号に送ると、フェートン号は二人目の人質シキンムル商館員も釈放した。

暦が替わって十七日未明、近隣の大村藩兵が長崎に到着した。そこで松平康英はフェートン号を焼き討ちする作戦準備に入ったが、その間にフェートン号は長崎湾外へ去った。

結果的には日本側に人的・物的な被害はなく、人質のオランダ商館員も解放された。

しかし長崎奉行松平康英は手持ちの兵力が少なかったので、イギリス軍艦が長崎湾内を好き勝手に巡視・探索し、のみならず水・食料・薪の提供要求に応じざるを得なかった。

出入国管理（？）に不手際を生じて国威を辱めた松平康英は責任をとって切腹。約百名しか駐屯させていなかった佐賀藩では家老等数人が切腹し、佐賀藩第九代藩主鍋島斉直《なりなお》は閉門百日の罰を受けた。

かかるなか首席老中松平信明は、文化七年（一八一〇年）、「寛政の改革」以来の懸案だった江戸湾警備を実行に移し、白河藩と会津藩に命じた。

さらに首席老中松平信明は国際情勢を知るため文化八年（一八一一年）に蘭書を翻訳する蛮書和解御用を設置し、大槻玄沢、宇田川榕菴らを翻訳官に任じた。蛮書和解御用はのちに洋学所、蕃書調所などを経て今の東京大学の起源の一つとなる。

## ロシア艦長ゴローニンとの和解

西の玄関長崎での騒動が一段落すると、北の蝦夷地で再び難題が生じる。

そもそもわが日本は、軍事超大国ロシアとどう向き合うべきなのか？

そこが問題だ。

実は、文化露寇の責任を問われ文化四年（一八〇七年）十一月に罷免された前松前奉行羽太正養は、蝦夷地取締御用掛に任命された寛政十一年（一七九九年）から松前奉行を罷免される文化四年までを『休明光記』『休明光記遺稿』という記録として残した。これは幕府外交に関する第一級の史料である。このなかに文化露寇（文化三年～文化四年）について、『露西亜《ロシア》人ら乱暴につき江戸にて御評議のこと』と題する一文がある。

これによれば江戸における幕府の重要会議で提議された意見のなかに、

「長崎における清国との貿易を停止し、ロシアと貿易を開いた方がいい。清国との貿易では日本から貴重な銅を輸出し清国から薬種などを輸入しているが、薬種は既に国産できているから輸入する必要はない。そもそも清国は日本に正式な使節を派遣していないし、清国商人には無礼な者が多い。一方、ロシアは二度にわたって使節を派遣し信義を尽くしている。これにこたえてロシアと国交を開き、国境を定めたうえ、交易を開始すべきである。ロシアのような軍事超大国が信義を尽くして交易を乞うているのに、わざわざ恥辱を与えて戦端を開くなど愚の骨頂である。ロシアの望みを容《い》れて交易を認めるなら、宿願を果たしたロシアは、わずかな島々など喜んで返却するだろう。ロシアとの交易では、わが国にとって貴重な金・銀・銅などの輸出を禁じ、俵物（蝦夷地でとれたアワビ、海鼠《なまこ》、鱶《ふか》ヒレなどを干して俵に詰めたもの）や塩や衣類やロウソクなど食料や生活必需品を輸出すればよい。わが国が世界第一の軍事超大国ロシアと交易し交際していれば、イギリス、アメリカなど凶暴な野蛮国がわが国を武力で征服しようとしても、手を出しかねるであろう」

という日露同盟による安全保障論が論じられていた、というのである。

幕府要路の間に、こういう卓見もあるにはあったのである。

これはペリー来日（嘉永六年＝一八五三年）の約五十年前のことである。

こうした多角的な議論の末、幕閣の最終結論は、

「ロシアとの交易は行わず、紛争を避けるべく慎重な態度を保ちつつ、海防に努める」

という無難な決定に落着した。


幕府のこの冷静さは、まことに思慮深いものだった。

実はロシアでは樺太や択捉島で乱暴狼藉を働き米、酒、衣類、旧式大砲などを分捕って意気揚々とオホーツクへ凱旋したフヴォストフ中尉は、同地の長官ブハーリン大佐から、

「お前がやったことは海賊行為だッ！」

と断罪され、日本での戦利品を没収され投獄されてしまったのだ。フヴォストフ中尉が、

「上司のレザノフの命令に従っただけだ」

と言ったとしても、レザノフはすでに病没している。不満を強めたフヴォストフ中尉は脱獄して逃げた。

ロシア側の事情がこうなのだから、幕府の冷静な対応は妥当だったといえる。


羽太正養の後任の松前奉行河尻春之（旗本）は、老中からの、

「蝦夷地の警衛をいかが沙汰すべきや」

との問いに対する答申書において、真っ先に、

「『ロシアなど恐れるに足らず』と言えばいさぎよいが、民命に係わる浅見である」(『蝦夷地取計方ノ義ニツキ申シ上ゲ候書付』)

と述べて、将軍家斉の寵臣老中土井利厚を真っ向から批判した。そして、

「警備を担当した仙台藩と会津藩はわずか二千～三千人の兵を出すだけで疲れ果てている。民命を申し候えば、ロシアと戦争になれば矢玉にあたり、風波に没し、死亡する者が何人も出るだろう。国の民が難渋すれば、不慮の変事が起きかねない。だからわが国は冷静さを保って、ロシアに非があればそれを論難し、我に非があれば理を尽くすべきである。自分のような低い身分で老中(土井利厚のこと)を批判する意見を述べることは死罪にあたるほど無礼なことだが、今は至極大切の場合だから、黙止しがたく申し述べた」

とした。河尻春之は骨も実もある旗本だったのである。

河尻春之(松前奉行は文化六年《一八〇九年》七月まで)の答申書を読んだ老中らは、

「状況に応じて、臨機応変に対応すべし」

と命じた。そこで松前奉行河尻春之は、文化露寇の際拉致されたまま帰国を許されず通訳としてロシアに留め置かれた五郎治らでも読めるように、平易な口語体で、

「ロシアが本当に交易したいなら、勾留した日本人すべてを帰国させたうえ、交易を願い出るべし。来年六月頃、樺太にて会談する用意がある」

との手紙を送った。しかしレザノフはすでに病没し、フヴォストフ中尉は海賊行為の咎《とが》で入牢し脱獄。ロシアとの貿易交渉のパイプは途切れていたのである。

こうしたなかロシア軍艦ディアナ号の艦長ゴローニン大尉が文化八年（一八一一年）に測量のため蝦夷地へ来航して国後島で捕縛され、約二年間、日本に抑留された。

「ゴローニン事件」である。

南千島の測量を行っていたゴローニンは、文化八年五月二十七日（一八一一年七月五日）、国後島の泊湾へ入港した。ここでゴローニンは、ディアナ号に副艦長リコルドを残し、数人を率いて国後陣屋を訪れ松前奉行支配調役・奈佐瀬左衛門に薪水の補給を願うと、昼食の接待を受けた。こののち奈佐瀬左衛門は、

「補給して良いか否か、松前奉行の許可を得るまで人質を残してほしい」

と懇請したが、ゴローニンは人質提供を拒否して船に戻ろうとしたので捕縛された。

副艦長リコルドはディアナ号でオホーツクへ戻り、事件を海軍大臣に報告した。

ゴローニンは松前に移され幽閉された。幕府は上原熊次郎、村上貞助、馬場貞由らにゴローニンからロシア語を学ばせた。このほか間宮林蔵がロシア事情を知ろうと毎日通って酒や鍋を振る舞い、手土産として壊血病予防のためレモン、みかん、薬草を与えた。

一方、ディアナ号副艦長リコルドは、

「人質交換によりゴローニンを奪還しよう」

と考え、文化九年八月十三日（一八一二年九月十八日）、干魚を積んで国後島の沖合を通りかかった高田屋嘉兵衛の「観世丸」を拿捕し、嘉兵衛をペトロパブロフスクへ連行した。

ゴローニン

ペトロパブロフスクに連行された高田屋嘉兵衛は、十二月八日（和暦）、リコルドに、

「ゴローニンが捕縛された理由はフヴォストフの暴虐に対する報復である。ロシア政府がフヴォストフの蛮行を謝罪する文書を提出すれば、ゴローニンは釈放されるだろう」

との解決策を提案した。リコルドはこのときカムチャツカ長官を兼任していたので、みずからカムチャツカ長官名義の謝罪文を書き、ゴローニン釈放の交渉に赴くこととした。

なお偶然の一致だが、首席老中松平信明はロシアとの紛争を拡大させないため、

「ロシア政府がフヴォストフの襲撃は皇帝の命令に基づくものではないことを公的に証明すればゴローニンを釈放する」

との方針を定め、松前奉行にロシアへの説諭書『魯西亜船江相渡候諭書』を作成させ、松前奉行はゴローニンに翻訳させた。

幕府の事件解決方針は、高田屋嘉兵衛の予想と合致していたのである。

嘉兵衛とリコルドがディアナ号でペトロパブロフスクを出港し、文化十年（一八一三年）五月二十六日に国後島の泊に着き、嘉兵衛が陣屋に赴いて経緯を説明すると、前述の『魯西亜船江相渡候諭書』を手渡されたので、嘉兵衛は船に戻ってリコルドに渡した。

リコルドは幕府にリコルド名義の謝罪文を提出したが、リコルドは嘉兵衛を捕らえた当事者だから幕府はこれを拒絶し、ロシア政府高官による公式の釈明書の提出を求めた。

そこでリコルドは、ロシア政府高官の釈明書を取りにオホーツクへ向け国後島を出発。

高田屋嘉兵衛が国後島を出発し七月十九日に松前に着くと、松前奉行服部貞勝（松前奉行就任は文化九年《一八一二年》）は八月十三日にゴローニンを牢から出し、引渡地である箱館へ移送した。

一方、リコルドはオホーツクへ戻ってオホーツク長官の釈明書を入手し九月十七日に箱館へ入港して、松前奉行所に提出した。松前奉行服部貞勝はロシア側の釈明を受け入れ、九月二十六日にゴローニンを解放した。

このとき松前奉行所は文書（『松前吟味役より覚』）をもってリコルドに、「使節ラックスマンおよび使節レザノフにキリシタン禁制をきつく申し聞かせたが理解しなかったようなので、再度申し渡す。わが国のキリシタン禁制の趣旨を受容しないなら、交易は

日露友好の碑（函館市）

まかりならん」

と念を押した。

そして大量の食料を無償で贈った。こうしてゴローニン事件は解決した。

ディアナ号は九月二十九日に箱館を出港しペトロパブロフスクに帰着。ゴローニンとリコルドはロシア政府から賞され中佐に昇進し年間千五百ルーブルの終身年金を与えられた。

高田屋嘉兵衛はゴローニン事件解決の褒美として、幕府から金五両を下賜された。

ゴローニンは帰国後、日本での捕囚生活を手記『日本幽囚記』に著した。同書はオランダ商館を経《へ》て江戸にもたらされ馬場貞由らにより翻訳され、文政八年（一八二五年）に『遭厄日本記事』として出版され、高田屋嘉兵衛も読んだという。

こののちゴローニンは海軍中将に昇任する。

リコルドは海軍大将に昇任し、日露和親条約が結ばれる安政元年（一八五五年）に没する。

老境に達したリコルドは弘化元年（一八四四年）に高田屋嘉兵衛へ手紙を書き、

「賢明にして善良な日本人たちが『ロシア人は平和的な国民であり、日本との友好と良き合意以外に何も望んでいない』と信じるようになった幸せな時代を生きたことを感謝する」と述べた。ペリー来日（嘉永六年＝一八五三年）の九年前のことである。しかしリコルドの手紙は高田屋嘉兵衛に届かなかった。高田屋嘉兵衛は既に文政十年（一八二七年）に五十九歳で死去していたからである。

こののち平成十一年（一九九九年）に高田屋嘉兵衛生誕二三〇周年の記念事業としてゴローニンとリコルドの子孫が来日し、高田屋嘉兵衛の子孫と再会。函館市に「日露友好の碑」が建立された。

がんばりぬいた首席老中松平信明は、文化十四年（一八一七年）八月十六日、精も魂も尽き果て首席老中在任のまま死去（享年五十五）した。すなわち松平定信が天明七年（一七八七年）に始めた「寛政の改革」は、松平定信の失脚後は「寛政の遺老」の手によって、松平信明が死去する文化十四年（一八一七年）まで三十年間続けられたのである。

## 寺社奉行脇坂安董《やすただ》の風紀統制と三業惑乱《さんごうわくらん》

「寛政の遺老」の時代は外交問題に翻弄されたが、内政はおおむね平穏だった。

寺社奉行脇坂安董が大奥の風紀統制や浄土真宗の「三業惑乱」という教義論争を裁いたからである。

窃盗・傷害・殺人などの事件は、町奉行が扱う。

しかし大奥の風紀紊乱や宗教問題となると町奉行では手に余り、寺社奉行の出番となる。

幕府が直面した最大の危機は「島原の乱」だった。これは島原のキリシタンがポルトガル軍を迎え入れて幕府軍を撃破し、日本をローマ教皇傘下のキリスト教国にしようと、国内に六十万人いたキリシタンに決起を促した。この鎮圧に幕府は多大な犠牲を払った。

「南無阿弥陀仏」を唱えて民衆が蜂起する一向一揆なども困る。

民衆の不満を取り除いて、これらを未然に防止するのが寺社奉行の役目だった。

寺社奉行というと地味なイメージがあるが、江戸町奉行や勘定奉行より上位にあった。

江戸町奉行や勘定奉行は上級旗本から選抜されたが、いかに有能でも老中に昇任することはない。しかし寺社奉行は有能な譜代大名から任命され、立派な業績を上げれば老中に上り詰めることができた。すなわち寺社奉行は老中への登竜門だったのである。

寺社奉行の主な仕事は全国の寺社を統制し僧侶や神官を管理することだが、それ以外にも前述のとおり寺社の境内で行われる相撲や芝居や富くじなどの興行の許可を下した。また当時、囲碁・将棋の家元は僧籍にあったから、囲碁・将棋の監督も寺社奉行の役目だった。すなわち民衆に健全な娯楽を提供することも、寺社奉行の仕事だった。

寺社奉行は、健全な娯楽と不健全な享楽を切り分けることを、取り扱ったのである。

この多忙極まりない寺社奉行を多年にわたりつとめた能吏が前述の脇坂安董である。

このころ大奥の風紀が乱れ、江戸の日蓮宗寺院・延命院へ祈祷に訪れる大奥御女中が寺僧と密通したとされる「延命院事件」が起きた。延命院の住職日潤《にちじゅん》は歌舞伎役者初代尾上菊五郎の隠し子といわれるほど男前で法話も上手だったから女性信者に大変人気があり、多くの女性信者が加持祈祷を受けるため延命院に参詣するようになった。

そのうち大奥からも多くの御女中が延命院へ通うようになり、

「日潤が、延命院に通ってくる大奥御女中や部屋子ら五十九人と密通している」

という噂が広まり、大奥を巻き込んだスキャンダル事件となって江戸中を揺るがせた。

前述のとおり大奥では男児を産めば「将軍ご生母」になりえたが、男児が生まれるかどうかは人知の及ばない領域だから、大奥の御女中たちは男児が生まれるよう、霊験あらたかな祈祷僧に高額の謝礼を支払って祈祷をしてもらった。大奥の御女中衆にとって高僧の祈祷は、こういう重たい問題だったのである。

しかし延命院の日潤は、そんな高僧ではなく、ただのインチキ坊主だった。

そこで寺社奉行脇坂安董は取締りを決意したが、大奥が関係しているから安易に動くことはできず、女密偵を延命院へ送り込んで慎重に内偵を進め確かな証拠をつかんだうえ、享和三年（一八〇三年）五月二十六日、安董みずから延命院に踏み込んで日潤ら破戒坊主を検挙。日潤は七月二十九日に斬罪に処された。

問題は大奥御女中衆の処分である。大奥と事を構えるわけにいかないし、見過ごすこともできない。そこで寺社奉行脇坂安董は、

「大奥老女梅村の下女『ころ』二十五歳は大奥を追放のうえ、百日間の押し込め」

としたほか五人を軽罰に処した。これで大奥は震え上がった。これについての落首は、

「延命院　ならば命は　延びように　短命院では　首がころころ（下女『ころ』の意）」

というものである。


このの寺社奉行脇坂安董は文化三年（一八〇六年）七月に浄土真宗西本願寺の教義をめぐる「三業惑乱《さんごうわくらん》」という一大争論を裁いた。西本願寺本山の学僧智洞《ちどう》が、寛政九年（一七九七年）頃、三業（意業《心による》・口業《口による》・身業《体による》）により阿弥陀仏に救済を求めるとの「三業帰命説」を唱えたところ、在野の僧侶らは開祖親鸞以来の「一念帰命説（一心に阿弥陀仏に誓願すべきとの教説）」を唱えて智洞に反発。以来、本山と在野の門徒衆の間で対立が深まったのである。

享和二年（一八〇二年）一月には美濃大垣藩領の門徒衆が本山に詰め掛けようと百姓一揆の出で立ちで河原に集結した。七月にも門徒衆は再び集まり、不穏の形勢となった。大垣藩主は老中の戸田氏教である。老中戸田氏教は、国政どころか、自分の領内の紛争を処理できなかったのだ。困惑した老中戸田氏教は事件を寺社奉行脇坂安董に丸投げした。

寺社奉行は各教団の宗旨や教義をめぐる争論には一切介入しない姿勢を堅持していた。しかし本件は老中からの直々の下命であるうえ、門徒衆が本山へ集団で詰めかけるという、かつての一向一揆のような不穏な形勢となっているので、脇坂安董は介入せざるを得なくなった。安董はもともと仏教の教義に精通していたので踏み込んだ調べを行い、双方より聴聞を行ったうえ文化三年（一八〇六年）七月十一日に判決を下し、西本願寺に、

「宗門不取締の咎《とが》あり。百日間の閉門を命じる」

という軽い処分で済ませた。首席老中松平信明は、これを名判決と激賞した。

実は脇坂安董（播磨龍野藩主）は外様大名だったから本来なら譜代大名が任じられる寺社奉行に就《つ》く資格はなかった。しかし極めて優秀だったから、異例中の異例として、松平定信が寛政三年（一七九一年）に寺社奉行に抜擢したのである。

外様大名脇坂家の初代脇坂安治は豊臣秀吉が柴田勝家と戦ったとき手柄を立て「賤ヶ岳の七本槍」といわれた猛将で、明智光秀の丹波攻略に従ったとき、丹波の赤鬼といわれた敵将・赤井直正から武勇を賞され、赤井家に南北朝の頃から伝わる「貂《てん》の皮の槍鞘」を拝領した。以来、「貂の皮」は脇坂家を象徴する。辣腕をみせた安董は文化十年（一八一三年）十一月十二日に辞任するまで、寺社奉行を二十二年間つとめた。

# 第七章　将軍家斉の放漫政治

## 首席老中水野忠成の収賄政治

「寛政の遺老」の中心人物だった松平信明が首席老中在任のまま文化十四年（一八一七年）八月に病死したとき、戸田氏教（老中在任のまま文化三年に病死）は既に亡く、牧野忠精は精気は失われており、松平定信の遺志を継いで「寛政の改革」を継続する人材はいなくなった。

すると将軍家斉は、一年後の文政元年（一八一八年）八月二日、寵臣の側用人水野忠成を首席老中に任命した。水野忠成は、のちに「天保の改革」をおこなう水野忠邦とは別系統の人物であり、将軍家斉の放埒を諌めることなく、自身も贈収賄を奨励して身びいきによる放漫な政治を行い、天保五年（一八三四年）二月に死去するまで十六年間にわたり幕政を専断する。首席老中水野忠成は田沼時代をはるかに上回る空前の賄賂政治を行ったので、幕政の腐敗と綱紀の乱れが横行した。将軍家斉も口うるさい寛政の遺老がいなくなったのをいいことに奢侈な生活を送るようになり、大奥の贅沢も復活し、放漫財政は黙認された。松平定信と寛政の遺老が成し遂げた寛政の改革の遺産は食いつぶされて幕府の財政は悪化し、放漫政治で社会に退廃的風潮がはびこった。そして庶民から、

「水の（水野）出て　もとの田沼に　なりにける」

と風刺された。幕政は田沼政治に戻り、いよいよ内憂外患を迎えるのである。

水野忠成は旗本岡野知暁の次男として生まれ、安永七年（一七七八年）に旗本二千石水野忠

隣の養子になり、天明六年（一七八七年）十二月に沼津藩主水野忠友の養子となった。

養父水野忠友は田沼派の中心人物で田沼意次の四男・意正を養子に迎えたが、前述のとおり田沼意次が失脚し天明六年八月二十七日に老中を罷免されると同年九月五日に意正との養子縁組を解消して田沼派から脱し、中立派とみられていた水野忠成を養子に迎えたカメレオンのように変わり身の早い人物だった。こののちも隠れ田沼派の中心人物として松平康福ら田沼派の老中と組んで、天明七年六月に松平定信が首席老中となっても定信を羽交い絞めにして粘り腰をみせていたが、天明八年（一七八八年）三月に定信が将軍補佐となって粛清に踏み切ると、あえなく老中を解任され失脚の憂き目にあった。

水野忠成は享和二年（一八〇二年）に養父忠友の死により沼津藩主を継ぐと、将軍家斉の側近として家斉に寵愛され奏者番、若年寄ととんとん拍子に出世し、側用人を経て文政元年（一八一八年）に首席老中になった。養父水野忠友は松平定信と対立した田沼派の中心人物であり、忠成もその人脈に連なる。老中水野忠成については、

「水野忠成は学識がなく当時あての才気だけなので、文武はすたれ、和歌・蹴鞠・乱舞のみが盛んになった。少しでも国を憂うる者があれば『あいつは変人だ』と言われて相手にされない風潮だ」（小冥野夫（某旗本千二百石のペンネーム）の著書『しづのおだまき』）

と伝えられている。

「もとの田沼になりにける」というが、田沼意次は役職や官位を求めた人々から賄賂を得ても、

事が成就しないと返金した。

しかし水野忠成は事が成就しなくても返金しなかった。水野忠成は一つの役職を望む競争者全員から賄賂を受け取って返金しないのだから、収賄の度は際立っていた。一つの役職に二人の希望者がいれば二人からダブルで、三人の希望者がいればトリプルで賄賂を受け取って一切返金しないため、賄賂収入は田沼意次の二倍、三倍という高収入だった。

水野忠成は首席老中になると、失脚し逼塞していた田沼意正を抜擢し、没落していた田沼家を文政六年（一八二三年）に旧領の相良藩五万七千石へ復帰させた。

また将軍家斉の寵愛を受けて小姓役を務めていた旗本三千石の林忠英《ただふさ》を文政八年（一八二五年）に若年寄へ抜擢し、さらに加増して一万石の大名に取り立てた。

前述の中野石翁《せきおう》は将軍家斉の愛妾・お美代の方の養父であり、家斉の側近中の側近だった。中野石翁は隠居した後も家斉の話し相手として江戸城に登城していたから、諸大名や幕臣らから莫大な賄賂が集まり、豪華な屋敷で贅沢な生活をしていた。

こうして諸大名や幕臣の昇進人事は首席老中水野忠成、若年寄林忠英、隠居中野石翁の三人に握られ、この三人が決定するシステムが確立された。長崎奉行や大坂町奉行など利権にからむポストが空くと、候補者が届け物をもって右往左往する様子は、

「大手の爺さん（水野忠成）、林の叔父さん（林忠英）、駿河台の坊さん（中野石翁）の屋敷がある小川町から桜田辺りを、まごつき歩いて、のめつてころんで、勤めるのじゃ。今時は羽二

重縮緬《ちぢみ》、金の五疋十疋《ひき》、袴地なんのかのと名目をつけて、お金をにぎらせるのじゃ」と伝えられている。この話を紹介した幕末きっての賢臣川路聖謨は、

「水野忠成が幕政を担った文政以来十余年に綱紀が大きく乱れ、幕府の寿命を縮めた」と述べている。また儒学者山田三川は、

「コレヨリ御政事ハ必ズ賂《まいない》行レテ、下レル世トナルベシ」

と幕府政治の衰亡を予見した。こうした見方は、幕末の志士藤田東湖を含めて同時代の多くの人々が共有していた。

水野忠成、林忠英、中野石翁らが大奥と組んで家斉と築き上げた濃密な人間関係は、老中でさえ立ち入れなかった。

林忠英の父林忠篤は前述の大奥筆頭老女高岳の宿元（身元引受人のこと）だったが、林忠英は万里小路（大納言池尻暉房の娘。将軍家慶付の上臈御年寄で筆頭老女）の宿元だった。こうして林忠英とお美代の方の養父中野石翁は各々大奥の核心を握って特権領域を確保し、さらに林忠英の四女が寛政七年に中野石翁の養女となり互いの関係を深めた。

大名・旗本の加増や人事などは大奥と将軍家斉が二人三脚で行っており、これをつなぐ林忠英と中野石翁は首席老中水野忠成と組んで、賄賂の横行を必然化させたのである。

盛岡藩主南部家は官位が侍従から少将へ昇格するため三万両を費やした、という。

蝦夷地は前述のとおり幕府の直轄領になっていたが、復領を目論む旧松前藩主松前章広は首

席老中水野忠成に猛烈な賄賂攻勢を仕掛けた。また松平信明の尽力によりゴローニン事件が解決（文化九年《一八一二年》）して日露の緊張状態が緩和したこともあり、首席老中水野忠成は文政四年（一八二一年）十二月七日に蝦夷地一円を松前藩に返還した。

蝦夷地が松前藩に返還されると、かつて松平定信がアイヌ民を保護すべく、

「アイヌ民が悪徳商人の中間搾取に反発しているから、幕府の手で悪徳商人の中間搾取を排除して公正な商取引を実現し、アイヌ民を保護しよう」

として制度化した御救交易は廃止された。そして松前藩は放漫経営と賄賂原資回収と復領御礼金一万両捻出の財源確保のため、かつての場所請負制を復活させた。このため場所請負商人によるアイヌ民への搾取が復活し、アイヌ民を再び苦境に追い込んだのである。

## ナポレオンの幻影

前述のとおりロシア使節レザノフが、かつて松平定信がロシア使節ラックスマンに与えた信牌を持って十一年後に長崎を訪れたとき、幕府役人が小舟でこぎ寄せ、

「信牌を渡してから十一年間も経《た》った。なぜ今頃になってから来たのか？」

と問いただすと、レザノフは、

「欧州でナポレオン戦争があったからだ」

と正直に答えた。幕府役人がナポレオンの名を聞いたのはこれが初めてである。

こののちナポレオン戦争の余波で、文化五年八月（一八〇八年十月）にイギリス軍艦フェートン号がオランダ船を拿捕すべく長崎湾へ強行侵入するフェートン号事件がおきた。

フェートン号事件が起きると、蘭学者大槻玄沢（『蘭学階梯』の著者）は、

「欧州で何か大異変が起きているらしい」

と感じた。しかしオランダ商館員は、あまりにも恥ずかしすぎて、

「オランダ本国はフランス軍に占領され、ナポレオンの弟ルイ・ボナパルトがオランダ国王になりました。オランダの海外植民地はフランス領になりましたがイギリス艦隊の攻撃を受け、バタヴィア（ジャカルタ）も陥落しました。いま世界のなかでオランダの国旗が立っているのは、ここ長崎の出島だけです。私たちオランダ商館員は、行くところもない風前の灯です。徳川様のご庇護だけが、私たちオランダ商館員の頼りなのでございます」

というみじめな真実を語らなかった。だから大槻玄沢は欧州情勢がわからなかった。

日本人が初めてナポレオンについて知ったのは、儒学者頼山陽が文政元年（一八一八年）に長崎遊学の際、出島のオランダ人医師からナポレオンのことを聞いて『仏郎《フランス》王歌』というナポレオンを賛歌した漢詩を作ってからのことである。この文政元年（一八一八年）、既にナポレオンは失脚してセント・ヘレナ島で囚われの身になっていた。

オランダ人医師は、オランダを征服したナポレオンが没落したから語ったのだろう。

こののち高橋景保がナポレオンの伝記として、文政九年（一八二六年）に『丙戌《へいじゅつ》異聞《いぶん》』を

上梓。蘭学者小関三英が文政十三年（一八三〇年）頃からナポレオンの伝記『ホナハルティ伝』の執筆を始めるが、後述のとおり小関三英は完成前に「蛮社の獄」に連座して自刃し未完となる。それでも未完ながら多くの日本人に筆写され読まれた。

こののち幕末には、最後の将軍徳川慶喜がナポレオン三世（ナポレオンの甥）から贈られた軍服を着て同じく贈られたアラビア馬に乗り、実弟徳川昭武をフランスに留学させる。

## 大津浜事件

この頃からイギリスなどの捕鯨船が太平洋岸の鹿島灘付近に頻繁に現れるようになり、文政七年（一八二四年）五月二十八日にはイギリス捕鯨船の船員十二人が薪水・食料を求めて水戸藩領の大津浜に大挙上陸して問題となった。「大津浜事件」である。

水戸藩は太平洋に面した平坦で長い海岸線を持つため、以前から領海内に外国船が出没していた。そこで海防問題について一家言を持っていた水戸藩史館総裁代役会沢正志斎が急行し、上陸したイギリス捕鯨船員と筆談を交わし、

「船内に壊血病者がいるので、新鮮な野菜や水を補給するために上陸した」

ことを知り、これらを与えて船員を船に帰した。

会沢正志斎は、この一件を通じて海防の必要性を痛感し、翌年に著書『新論』を著し、「水戸藩内の論者には、『西洋人は攻め寄せては来ない、だから心配は要らない』と言う者も

多い。しかし西洋人が攻めて来るか、攻めて来ないか、は西洋人が決める事だ。『西洋人は攻めて来ないはずだ』と多寡を括って非武装のまま安逸に過ごし、もし西洋人が攻め寄せてきたらどうするのか？　日本人の民心に中心を置いて一致団結しなければ、ある者は西洋人の仲間となり、ある者は私欲のため西洋人と結託して、我が国は混乱するだろう」

と主張した。国内が一枚岩でなければ外交も軍事もなりたたないと述べた会沢正志斎の『新論』は幕末のベストセラーとなり、尊皇攘夷論の皮切りとなる。

## 宝島事件と異国船打払令

こののちイギリス捕鯨船員が鹿児島の薩南諸島に属する宝島に上陸し、乱暴を働いた。「宝島事件」である。

宝島には薩摩藩士が在番として派遣されており、異国船遠見番所が設置されていた。文政七年（一八二四年）八月にイギリス捕鯨船の船員が上陸し、食用に供するため牛を譲渡するよう島民に要求したが、牛は農耕の力仕事に重要な労働力であるから島民が譲渡を断った。するとイギリス船員約三十人が勝手に上陸して牛三頭を強奪した。このため紛争となり、薩摩藩士によりイギリス船員一人が射殺された。

大津浜事件や宝島事件など異国船から勝手に上陸し地元住民と軋轢を起こす事件が度重なったことから、首席老中水野忠成は、翌年の文政八年（一八二五年）、「異国船打払令（無二念打

払令ともいう)」を下し、
「日本の沿岸に接近する外国船は見つけ次第に砲撃し、追い返すよう」
命じて、日本の沿岸に接近する外国船を打ち払い撃退するよう命じた。

## シーボルト事件

このように対外関係が緊張するなか、文政十一年(一八二八年)にシーボルトが国家最高機密だった日本地図などを国外に持ち出そうとして幕府天文方兼書物奉行高橋景保らが処罰される「シーボルト事件」が起き、幕府に衝撃を与えた。

長崎の出島のオランダ商館医フィリップ・フランツ・フォン・シーボルトはヴュルツブルク(今のドイツ・バイエルン州)に生まれた野心あふれるドイツ人で、一八二二年七月にオランダ領東インド陸軍病院の「外科少佐及び調査任務付き」となり、長崎へ来てオランダ商館にもぐりこんだ。

幕府はオランダ人の長崎在留は認めているが、ドイツ人の在留は認めていない。

当時の日本人通詞《つうじ》(通訳のこと)の語学力は極めて流暢《りゅうちょう》であって、ドイツ人シーボルトが話すオランダ語の発音が不正確だったから、

「貴方はオランダ人ではないのではないか! 本当にオランダ人なのか!」

と問い詰めた。するとシーボルトは、

「オランダは広い国で、自分はオランダの辺鄙な山地出身のオランダ人だから訛りが強い」と偽って、その場を切り抜けた。しかしオランダは干拓によってできた平坦で狭い国で、山地などない。そうした事情を知らない日本人通詞をだましたのである。

シーボルトは文政七年（一八二四年）に長崎の街に「鳴滝塾」をひらき日本各地から集まった高野長英、小関三英、二宮敬作ら医者や学者に西洋医学や蘭学を教えた。

そしてシーボルトは、彼らを通じて、日本の国情や文化を探索した。

シーボルトはオランダ商館長の江戸参府に随行して文政九年（一八二六年）に将軍家斉に謁見し、江戸で元薩摩藩主島津重豪、中津藩主奥平昌高、将軍御典医桂川甫賢《ほけん》、幕府天文方兼書物奉行高橋景保、蝦夷探検家最上徳内や多くの蘭学者たちと交友した。

シーボルト

シーボルトは、江戸で蘭学者らと面会したとき高野長英から、

「あなたの医師以外の仕事は何ですか」

と問われると、ラテン語で、

「自分はコンテンス・ポンテー・ヲルテ（内情探索官）です」

と答えた、と渡辺崋山が記録している。

高橋景保は、文政十一年（一八二八年）九月に帰国するシーボルトに国外に持ち出すことが禁じられていた伊能忠敬の『大日本沿海輿地全図』の縮図を贈ったところ発覚。高橋景保ら十数名が処分され（景保は獄死したのち死罪判決を受けた）、シーボルトは文政十二年（一八二九年）に国外追放となった。シーボルトの手許から江戸城本丸詳細図面や樺太測量図、武器・武具解説図など軍事的政治的資料も発見された。シーボルトはドイツのプロイセン政府が日本の内情を探査するため送り込んだスパイだった、という説もある。

将軍家斉は、書物奉行高橋景保が国禁を犯しシーボルトに国家最高機密である日本地図を贈った「シーボルト事件」が起きると、恐怖と不安のあまり、

「昼夜、眠らせざりし」

と懊悩《おうのう》した。

将軍家斉の側近らはこれに困惑し、以来、世情の出来事を一切家斉に報告しなくなった。このため将軍家斉は、後述の「天保の大飢饉」も「大塩平八郎の乱」についても、ほとんど知らなかった、という。こうして国の乱れは一段と深まっていった。

## 水野忠邦の静かな登場

世の中が乱れに乱れつつあるこの頃、のちに「天保の改革」を断行する水野忠邦が静かに登場した。前述のとおり水野忠邦は首席老中水野忠成とは別系統で、ほとんど関係ない。

前述のとおり松平定信は将軍家斉の勘気《かんき》をかって寛政五年（一七九三年）に失脚し隠居したが、多くの若い大名たちが定信の名声を慕い教えを請いに訪ねてきた。

そのうちの一人唐津藩主水野忠邦は、文化十一年（一八一四年）二月に定信から教えをうけて幕政改革を目指すようになり、のちに「天保の改革」に取り組む。

水野忠邦の先祖水野忠守《ただもり》は徳川家康の母於大の方の同母兄で、創業期の家康に俸禄二〇〇俵で仕えた。その嫡男水野忠元は大坂夏の陣で首級六つを挙げる武功をたて、下総山川藩（今の茨城県結城市山川地区）三万石の藩主となった。

忠元の嫡男水野忠善《ただよし》は下総山川藩主を継いだのち、三河吉田藩主を経て、岡崎藩五万石の初代藩主になった。岡崎城は家康が生まれた徳川家発祥の地であるから、水野忠善は徳川家の柱石として認められたのである。

こののち岡崎藩第二代藩主水野忠春は奏者番兼寺社奉行に任じられ大坂城代をつとめたが病死。第三代藩主水野忠盈《ただみつ》も若くして病死（享年三十八）。

不幸が続くなか第四代藩主水野忠之《ただゆき》は老中になり、第八代将軍徳川吉宗の「享保の改革」に参画した。水野忠之は、浅野内匠頭《たくみのかみ》が吉良上野介《こうずけのすけ》に斬りつけ大石内蔵助《くらのすけ》ら赤穂浪士が吉良上野介の首を挙げた赤穂事件（元禄十四年《一七〇一年》三月～元禄十五年《一七〇二年》十二月）に際し善後策を勧めて頭角を現し、奏者番、若年寄、京都所司代をへて享保二年（一七一七年）九月に老中となり享保の改革を支えたのである。将軍吉宗は忠之の業績を評価し一万石を加増したので、岡崎藩は六万石になった。

第五代藩主水野忠輝は大飢饉に見舞われたので藩の備蓄金を取り崩して藩士・領民を救って一人の餓死者も出さず幕閣から褒詞を受けたが、元文二年（一七三七年）に病死した。

岡崎藩の水野家は、こののち衰運におちいった。

第六代藩主水野忠辰《ただとき》は十四歳で藩主になった名君だった。藩主就任直後に矢作川の氾濫で田畑が水没して大凶作となり、農民らは困窮して騒然となった。かかるなか忠辰は困窮者に援助金を与えたり、末期養子を容認し幼少の相続人にも半知を与えるなど善政をおこなった。こうした出費を賄うため自ら衣服は木綿、食費は一日百文以内、江戸屋敷の出費も抑え倹約を徹底したところ、財政再建に成功して藩は豊かになり年貢を減免したので農民からも慕われた。自信を深めた忠辰は有能な下級藩士を抜擢して要職に就けたが、門閥重臣らの反発（水野騒動）をかって人材登用は挫折した。失意の忠辰はやけになって遊興に耽《ふけ》ったので、生母順性院が心痛のあまり諫死した。すると忠辰はさらに自暴自棄となったので、宝暦二年（一七五二年）三月に家督を養子忠任《ただとう》に譲らされて座敷牢に押し込められ、五カ月後の同年八月に死去（享年二十九）した。

内政に乱れが生じると、外部から不幸が訪れる。

そして第七代藩主水野忠任《ただとう》の宝暦十二年（一七六二年）九月三十日、水野家は岡崎藩六万石から肥前唐津藩六万石へ移封されたのである。

岡崎城は徳川家発祥の地であり、名門譜代である岡崎藩主は老中への最短距離にある。

一方、唐津藩は表向きの石高は六万石だが、実収高は二十万石ある裕福な藩だった。領内で楮《こうぞ》（和紙の原料）、櫨《はぜ》（ロウソクの原料）などの商品作物を産し、唐津湾から魚・クジラ・貝などが採れ、とくに干鰯《ほしか》は肥料として全国に販売された。さらに唐津炭田から石炭が産出されたからである。しかし唐津藩は長崎奉行の配下にあって長崎を警護する長崎見廻役という義務があり、これに専念するため唐津藩主は老中になって国政に参与することはできない決まりだった。

岡崎藩主は名門譜代で老中への最短距離にあるが、唐津藩主は老中になれないのである。

水野家の岡崎藩から唐津藩への移封は、「三方領知替え」という方式がとられた。岡崎藩へは古河藩主松平康福が入り、古河藩へは唐津藩主土井利里《としさと》が入った。

すなわちこの「三方領知替え」は、松平康福を老中に就《つ》けるため譜代の名門である岡崎藩主に据えたもので、前述のとおり松平康福は田沼意次派の有力な老中となる。

唐津藩から古河藩に入った土井利里は寺社奉行、京都所司代になったのち死去するが、利里の次の次の古河藩主土井利厚が将軍家斉の愛妾お美代の方に取り入って老中になりロシア使節レザノフを邪険に扱って外交上の大失態をおかしたのは前述のとおりである。

水野忠邦

水野忠邦は文化九年（一八一二年）に唐津藩主になったが、唐津藩主は老中になれない。

しかし水野忠邦は将軍家外戚で譜代大名中の名門を誇る水野家の当主として、かつて四代第藩主忠之が老中になって将軍吉宗の「享保の改革」を支えたように、また白河藩主松平定信が徳川創業に戻すべく「寛政の改革」に取り組んだように、自身も老中になって「享保の改革」や「寛政の改革」を受け継ぎ、家康創業の理念を復活させたかったのである。

そこで水野忠邦は、文化十四年（一八一七年）九月、浜松藩六万石への転封を願い出て実現させた。浜松城は家康が岡崎城を出たあと入って天下取りのスタートとなった城だから「出世城」と呼ばれ、浜松藩主も老中など幕閣への登竜門だった。水野忠邦は唐津藩表高六万石・実高二十万石から浜松藩六万石へ実質上大幅な減封となることを自ら願い出たのだから、世間から、

「水野忠邦殿は無欲で高潔な大名だ」

という美談として高く評価されるおまけまでついたのである。

一方、浜松藩主井上正甫《まさもと》は、文化十三年（一八一六年）秋、今の新宿御苑付近で鷹狩りをしての帰路、千駄ヶ谷村の農家に入って休息したとき、一人で留守番をしていた農家の若妻を手込め（強姦すること）にした。ちょうどそこへ帰宅してきた農夫は、

「俺のカカアに何をしやがるッ！」

と、持っていた天秤棒で井上正甫をしたたかに殴りつけた。驚いた近習が駆け付け、

「おのれ、殿に何をするかッ！」

と抜刀し、天秤棒をふりまわす農夫の片腕を切り落とした。ぶざまな事件なので藩内に緘口令が敷かれた。足軽は最下級の戦闘要員で正規雇用だから秘密を守った。しかし用務を行う中間は非正規雇用で「渡り中間」とよばれ、出入りが激しく、つねづね互いに、

「何々様のところは待遇がいい。何々様のところは人使いが荒い」

などと情報交換をしていたから、この出来事は「渡り中間」を通じて、江戸庶民にあっというまに広まり幕府中枢の耳に入った。いつの時代も、こういう話はすぐに広まる。

浜松藩主井上正甫は世評が鎮まることを期待して半年間謹慎し、半年後に登城して大手下馬先で駕籠《かご》をおりて登城しようとした。すると諸藩主を担いできて大手下馬先付近でたむろし休息していた諸藩の六尺《ろくしゃく》（大名駕籠を担ぐ用人）や小者らから、

「いよう、絶倫さま！」

「農婦のお味はいかがでしたか？」

などと囃《はや》し立てられ、こののち恥ずかしさのあまり登城できなくなって屋敷に引きこもってしまった。徳川政権では、案外、こういう下々の言論の自由が許されていた。だから権力者といえどもあまり勝手なことはできず、政権構造はわりと柔構造で壊れにくかったのである。

浜松藩主井上正甫は醜聞事件の懲罰の意を含めて文化十四年（一八一七年）九月十四日に奥州棚倉《たなぐら》藩六万石へ移封された。江戸庶民はこのことについて、

「色でしくじりゃ　井上様よ　やるぞ奥州　棚倉へ」

と、さらに笑いとばした。借金を抱えて財政状態が厳しかった棚倉藩は、玉突きで、表高六万石ながら実収高二十万石の裕福な唐津藩へ転封となり、大いに喜んだ。

こうして唐津藩→浜松藩→棚倉藩→唐津藩という「三方領知替え」となった。

浜松藩への転封に成功した水野忠邦は寺社奉行、大坂城代、京都所司代などを歴任し、出世の階段を昇って行く。

のちに贅沢禁止の「天保の改革」を断行する水野忠邦と贅沢三昧の将軍家斉との間には、ささやかなエピソードがある。ある秋のこと将軍家斉は周囲の重臣らに菊の苗を与え、

「来年の花の頃、出来栄えをみせよ」

と命じた。そして翌年、花の盛りのとき、それぞれ重臣らは菊の花を見事な器に載せてご覧

に供した。いずれも「絢爛富麗にして美事なりし」という出来栄えだった、ところが水野忠邦のは他の菊華に比べてみすぼらしく「見所もなくありける」という始末だった。

これをつらつら眺めた将軍家斉は、

「富麗のものはプロの植木屋に育てさせたのだろう。水野忠邦の花が麗しくないのは水野が自分の手で育てたからだろう」

と言った。こののち将軍家斉は、

「忠邦を寵遇し給うこと他に異なりしとぞ」(『文恭院殿御実紀』)

と記録されている。芸術家肌の性格で贅沢を極めた将軍家斉には、堅物の水野忠邦を賞するこうした繊細さもあったのである。

かかるなか、天保五年(一八三四年)二月二十八日に首席老中水野忠成が病没した。老中のポストが一つ空いたから、水野忠邦は同年三月一日に老中に任ぜられた。

しかし水野忠邦は新任の一介の老中に過ぎないのだから、慎重にふるまっていた。

そして内政は将軍家斉の寵臣で側近の若年寄林忠英らが権勢をふるう腐敗政治が続いて天下は乱れ、世情はゆるみ、幕府に対する世間の不満が次第に高まっていく。

## 寺社奉行脇坂安董の再登場

前述のとおり脇坂安董は寺社奉行を二十二年間つとめて文化十年(一八一三年)十一月十二

日に辞任すると自領である播磨龍野藩の藩政に専念していたが、十六年後の文政十二年（一八二九年）十月二十四日、将軍家斉のお声がかりで再び寺社奉行に起用された。

脇坂安董の再起用は、止《や》むことのない大奥御女中衆の醜聞に将軍家斉が業を煮やして再起用したのだ、という。寺社関係者は安董の再登場に震え上り、江戸の市中では、

「また出たと　坊主びっくり　貂《てん》の皮」

という落首が出回った。前述のとおり脇坂安董の先祖・脇坂安治は敵将赤井直正から「貂の皮の槍鞘」を拝領したので、「貂の皮」といえば脇坂家のシンボルだったのである。

しかし寺社奉行に再任された脇坂安董はなぜか大奥や寺社の風儀紊乱に手をつけないまま、沈黙を守っていた。脇坂安董がにらみを利かせただけで、大奥の乱脈や寺社の風儀紊乱は収まってしまったのだ。

すると今度は「仙石騒動」という事件が起きた。かねてより但馬出石藩主の仙石家では、当主の家督相続をめぐって、仙石造酒と仙石左京の両家老が対立していた。天保六年（一八三五年）には造酒派の藩士神谷転《うたた》が脱藩して虚無僧に身をやつし、江戸に潜伏して左京の非道を幕府に訴願する機会を窺《うかが》っていた。一方、左京は老中松平康任に多額の賄賂を贈り、松平康任は南町奉行筒井政憲に神谷転を捕縛させた。

しかし虚無僧の管轄は寺社奉行である。そのうえ寺社奉行は町奉行の上位にある。

そこで寺社奉行脇坂安董が本件を預かって調査を開始。寺社奉行吟味物調役・川路聖謨が綿

密な調査を行った結果、

「仙石造酒が正しい」

と判定された。出石藩は二万八千石の減封、左京は獄門、老中松平康任は失脚。神谷転は藩に戻って重職についたとも、虚無僧として一生を終えたともいわれ、定かでない。

綿密な調査を行った吟味物調役川路聖謨は、これが出世の糸口となる。

安董はこの一件でさらに評価を高め、天保八年（一八三七年）七月、老中に昇格する。

### 日蓮宗・感応寺の隆盛

前述のとおり大奥ではお美代の方が、将軍家斉の心の闇をいやすため実父で祈祷僧の日啓が住職をつとめる智泉院に家基と家斉の木像を下付し、中山法華経寺の境内に若宮八幡を建立して家基の冥福を祈らせた。そして普段は外出を許されない多くの大奥御女中衆が智泉院および中山法華経寺の若宮八幡をたびたび参詣に訪れた。智泉院でも、

「大奥からの祈祷の依頼は、高額な謝礼収入が見込める」

と大歓迎し、大奥御女中衆が高額の祈祷料を持参して何度も再訪するよう若い美僧を揃えて懇切な接待をし、江戸から七里の道を厭わず女乗物が続いた。こうして大奥では、家斉の寵愛ことのほか深かった美代の方の影響で日蓮宗に帰依する御女中が増えた。

そもそも将軍家の菩提寺は浄土宗の芝増上寺と天台宗の上野寛永寺である。しかるに大奥で日蓮宗に帰依する御女中衆が増えてくると、日蓮宗本門寺派は、

「日蓮宗寺院を家斉の霊廟として将軍家の新たな菩提寺とし、江戸に拠点を設けよう」

と目論むに至った。

候補に挙がったのが谷中にあった感応寺だった。

かつて感応寺は日蓮宗寺院だったのだが、このころは天台宗・上野寛永寺の支院になっていたので、これをもとの日蓮宗に戻そうとしたのである。

加えて感応寺は、「江戸の三富」といって、湯島天神、目黒不動とならぶ富くじによる高収入があった。前述のとおり富くじは寺社奉行の管轄下にあり、寺社の普請・修理の費用調達のため許可を得て行われ、富札は一枚につき一分（現在価値で約二万五千円）。一等賞金は百両（約一千万円）だった。一両は四分である。このことについて、

「感応寺　命からがら　一分捨て」

という川柳が残っている。

この高収入の感応寺を天台宗から日蓮宗に戻そうという目論見は、天台宗・上野寛永寺の激しい反発によって潰《つい》えた。そこで妥協策として、谷中の感応寺は天台宗のまま富くじ利権を残して寺の名を護国山天王寺と改め、新しく日蓮宗の寺院を雑司ヶ谷に作って感応寺を名乗らせることとなった。これを取り仕切ったのが中野石翁、林忠英、お美代の方、そして中山法華経

寺の智泉院の日啓（お美代の方の実父）らだったのである。

天保五年（一八三四年）、雑司ヶ谷にあった磐城平《いわきたいら》藩安藤家の下屋敷二万八千坪がそっくり召し上げられ、幕府の負担で将軍家斉きもいりの大寺院である感応寺の建設が開始された。地鎮祭は智泉院が受け持ち、天保七年（一八三六年）に本堂、五重塔、鐘楼、僧坊、書院、鎮守堂、宝蔵、惣門、山門など荘厳な大伽藍が完成した。

感応寺は将軍家の私的な祈祷所として、大奥御女中衆の贔屓《ひいき》を受けた。

## 郡内騒動

上が緩《ゆる》めば、下は乱れる。

首席老中水野忠成の在任期は爛熟した文化文政の時代となり、将軍家斉は放漫な浪費を重ね大奥の生活は華美にながれ商人の経済活動も活発になり江戸文化の花が開いたが、物価が騰貴して激しいインフレを引き起こした。かつての田沼政治に戻ったのだから華美な貨幣経済にあこがれて耕作を放棄し都市へ流入する者が多く、農村は衰亡した。

だからいったん天候不順となって凶作になると飢饉に襲われた。

天保四年（一八三三年）は冷夏になって収穫高が例年の半分以下という大凶作になり、「天保の大飢饉」が始まった。

「天保の大飢饉」のさなかの天保五年（一八三四年）二月二十八日に、前述のとおり首席老中水野忠成が死去し、大坂では喪に服すため三月五日から歌舞音曲が禁止された。このとき元大坂町奉行所与力大塩平八郎は、伊勢の儒学者斎藤拙堂への三月十八日付の書状で水野忠成の死去について、

「泣く者が多いのか、喜ぶ者が多いのか、自分には分からない（原文：哭《な》く者多きか、賀《が》す者少なきか、僕いまだ之を知らず）」

と強烈な感想を伝えた。この頃から大塩は水野忠成への批判を強めていたのである。

「天保の大飢饉」は年々悪化し、とくに天保七年（一八三六年）の収穫高は例年の約三割と、もっとも厳しい状況になった。かかるなか米屋や富商は米価の先行き高騰を見込んで米の買占めを行ったから庶民層は窮迫。この間、全国で百姓一揆や打ちこわしが多発した。

これは天災なのか、人災か？

前述の「寛政の改革」を行った松平定信が言うように農村VS都市の貧富の差を是正することなく「米の買い占め」など米屋や富商の投機や自由な商取引を無制限に容認すれば、米価が高騰して庶民の口に入らなくなり農村では一揆が、都市では打ちこわしや暴動がおきて政権の危機を迎える。幕政下で何度も起きたお定まりのコースが再発するのである。

甲斐国（今の山梨県）でも天保四年（一八三三年）に飢饉が発生して不穏な情勢となり、天保七年八月十七日、甲斐国の郡内（今の山梨県都留郡一帯）の農民が武七（無宿人や無頼の徒

を束ねる親分）および兵助（旅籠屋経営）を頭目として蜂起し八十カ村、一万人が参加する「郡内騒動」と呼ばれる大規模な一揆となった。

当初は百姓一揆の作法に則った陳情スタイルの整然とした活動だったが、やがて博徒や無宿人らが参加して騒動は暴徒化し、竹槍のみならず鉄砲を撃ち、略奪・放火など逸脱行為がエスカレートした。八月二十三日には甲府勤番永見伊勢守の防衛戦を突破して甲府城下へ乱入し、城下および周辺の富商・富豪らの屋敷を打ちこわして略奪したのち放火。一手は西へ進んで韮崎から西大武川村（今の北杜市白州町）に至って甲州と信州の国境付近をおびやかし、また一手は南下して鰍沢（今の富士川町）あたりまで打ちこわしを行った。

幕府は信州諏訪藩、信州高遠藩、駿河沼津藩に出兵を命じ、騒動は鎮圧された。騒動の収束後、自首した武七は牢死。兵助は逃亡して行方不明。指導者九人が死罪となった。多くの博徒が参加し騒動が激化したことから、こののち甲斐博徒（竹居安五郎、黒駒勝蔵など）の取り締まりが強化される。

## 三河加茂一揆

天保七年九月二十一～二十五日には、三河国の加茂郡を中心に二百四十七カ町村の農民一万数千人が参加する「加茂一揆」と呼ばれる大規模な百姓一揆が勃発した。一揆勢は下河内村の辰蔵を頭目として年貢の減免、米価の値下げ、諸物価引き下げなどを要求した。

そもそも三河は徳川家発祥の地だから、二百四十七カ町村の多くは幕府直轄領だったり、挙母《ころも》藩二万石など譜代大名や旗本らの領地だった。一揆勢は自らの行動を「世直様の計らいである」と述べており、徳川家発祥の三河の地で「世直し」が呼号されたのだから、幕藩領主層に衝撃を与えた。

加茂一揆は岡崎藩・挙母藩・吉田藩などの出兵により同月二十五日に鎮圧された。

調べに対し頭目の辰蔵は、次のように陳述している。

「私の家族五～六人が食べていくには困りませんが、多くの農民が困苦にあえぎ餓死寸前です。だから農民たちの困苦を救おうと決意したのです。米を買い占め米をつぶして酒を作って売れば酒屋は儲かるでしょうが、農民は餓死します。上がゆがむと下にしわ寄せが及ぶのです。鎌や鋤しか持たない私ら百姓に対し、岡崎の殿様もその他のお大名も弓矢、鉄砲、大砲など持ち出して大仰なことですね。百姓を大事にしないで、どうするのですか」

## 大塩平八郎の乱

「天保の大飢饉」により江戸も米不足になり不穏な形勢となったが、幕府は「お救い小屋」を設けて窮民を収容し、寛政の改革で設けた江戸町会所から備蓄米や金銭を施して、打ちこわしを未然に防いだ。

大坂でも天保七年（一八三六年）には一日に三十人～四十人が餓死し、天保七年末から天保八年一月には四、五千人が餓死した。しかるに「天下の台所」の大坂商人は利に敏く、富豪・富商は「米価の先行き高騰」を見込んで「米の買占め・売り惜しみ」に狂奔し暴利を得ていた。

そして大坂城代土井利位《としつら》（古河藩主）は、米不足で大坂市中に餓死者が出ているのに、将軍家斉の寵愛を失わぬよう将軍おひざ元の江戸へ大量の米を送っていた。

だから大坂での米不足が深刻化したのである。

土井利位は古河藩主土井利厚の養子で、養父利厚が文政五年（一八二二年）六月に死去すると家督を継いで古河藩主になり、文政六年（一八二三年）に奏者番となり、文政八年（一八二五年）に寺社奉行を兼ね、天保五年（一八三四年）四月に大坂城代になった。

前述のとおり養父の土井利厚は、将軍家斉への付け届けを怠ることなく老中になった。

利厚の養子土井利位も養父利厚と同じく寺社奉行を経て老中になりたいと熱願し、お美代の方と中野石翁をつうじて家斉への付け届けを怠らなかった。

土井家は利厚から利位へ代替わりする文政五年も、お美代の方を介して将軍家斉に、一月二十日に縮緬《ちりめん》三反、四月二日には紅白縮緬三疋、六月八日にはすきや縮三反を献上している。これらの名品は将軍家斉から大奥に下され、大奥を喜ばせたであろう。

このように藩主就任以前から派手な贈賄工作を行って大坂城代になった土井利位の最優先事項は、さらに出世して老中になるため、将軍家斉の寵を失わないことだった。

前述のとおり将軍家斉は文化露寇の報告を受けると恐怖のあまり戦慄して周章狼狽し、驚愕畏怖した大奥の要請を受けて祈祷させ、七日間塩を口にしなかった。こうした将軍家斉の醜態を目の当たりにしてすっかり困り果てた家斉の側近らは、

「全国的に飢饉が生じて、米不足であり、一揆や打ちこわしが起きるかもしれません」

という不都合な真実を将軍家斉の耳に入れなかった。

大坂城代土井利位もこれに呼応し、江戸へ大量の米を送って将軍家斉の寵を保持すべく、

「飢饉など起きておらず、米は充分にあるので、何の心配もいりません」

と、飢饉という真実を隠蔽したのである。

かかるなか「大塩平八郎の乱」が天保八年二月十九日に勃発した。田沼流の放漫政治へ戻した水野忠成が病没（天保五年《一八三四年》）し、のちに「天保の改革」を断行する水野忠邦が老中首座（天保十年《一八三九年》～）になる間のはざまである。

大塩平八郎はかつて大坂町奉行所の与力で、文政十三年（一八三〇年）に隠居したのちは自宅にひらいた私塾「洗心洞」で陽明学を講じていた。

大坂の米不足は天保八年に入ると一段と深刻化した。全国からの年貢米が大坂へ集まってくるが、大坂城代土井利位は餓死者が出ている大坂民衆の窮状を省みず大量の米を江戸へ送り、大坂の富商は米価の高騰を見込んで米の買占めに狂奔したからである。

大坂民衆の苦境を見かねた大塩平八郎は大坂町奉行に備蓄米放出や富商の買い占め禁止を献策したが拒否され、三井や鴻池など富商に窮民救済を要請したが無視された。

そこで大塩は、天保八年二月初旬、自らの蔵書五万冊を売却して得た六百六十両余を貧民約一万人に各々金一朱ずつ与えて救済にあたった。決起の十日ほど前のことである。

大塩平八郎

義憤に燃えた大塩平八郎は、決起前日の天保八年（一八三七年）二月十八日夜、江戸へ飛脚便で三通の建議書を送った。一つは老中宛、一つは水戸藩主徳川斉昭宛、一つは昌平坂学問所大学頭林述斎宛である。

建議書は冒頭で、首席老中だった水野忠成の賄賂政治を槍玉にあげ、

「水野忠成の賄賂政治を多くの者が真似し邪まな心で将軍家斉を惑わし賄賂が横行した結果、賢人が姿を消してしまったことは皆が知っている（原文：一筆啓上つかまつり候。水野出羽守見習、邪心を以て上様を惑わし賄賂広行。賢人退かれ候儀は世間皆々一同承知）」

と書き始めた。そして大塩平八郎が大坂町奉行の与

力をつとめていたときの大坂城代らが、武家には参加を許されない無尽に参加して不当な利益を上げていたことを糾弾した。

本来、無尽とは庶民がお金を出し合う相互救済システムで、武家の参加は許されていない。武家は俸禄を頂くのだから参加する必要がないのだ。しかるに不心得な大坂城代らは悪徳商人を胴元に任じ、多くの庶民から集めた金から不当に高いマージンをせしめる胴元の不正を黙認し、胴元から上納金を受領して私腹を肥やしていたのだ。

大坂城代は京都所司代を経て老中へ昇進する出世コースである。だから大塩は、

「今の老中のなかにも、大坂城代のとき不正蓄財をした者がいる」

と糾弾し、政治の「上からの整風《せいふう》」を求めたのである。

決意を固めた大塩平八郎は家族を離縁し、家財を売却して大砲・砲弾を用意して、準備を整えた。そして檄文を大坂市中と近郷の農村に配布し、決起への参加を呼びかけた。

大塩平八郎は自身の主張を、前述のとおり老中・徳川斉昭・林述斎に対しては飛脚に託した建議書によって、大坂庶民に対しては檄文によって表明したのである。

大塩平八郎の発した檄文は、

「東照神君家康公は『寡婦や孤児に憐れみをかけることが仁政だ』とおっしゃった。それなのに最近は上に立つ者が贅沢を極め、諸役人は賄賂を公然と接受し、大奥御女中との縁の深いだ

けで心の賤しい者（林忠英・中野石翁のこと）が幕政を握り私腹を肥やしている。

このしわ寄せが民百姓に及ぶのだから民百姓は困窮にあえぎ、その怒気《どき》は天に達して地震・山崩れ・洪水などの天災となり、五穀が実らず飢饉になってしまった。これは天が為政者に『深く戒めよ』と告げている天譴《てんけん》（天罰のこと）である。

しかるに為政者は天の戒めを聞く耳をもたない。

飢饉で米価が高騰し大坂でも餓死者が出ている。しかるに大坂城代や町奉行らは民を慈しむ仁愛の心を忘れて大量の米を江戸へ送り、大坂の悪徳商人の特権を擁護している。

どの街に住もうと、どの村に住もうと、いずれも徳川様ご支配の民百姓である。

しかるに江戸を優遇して大坂を冷遇する格差や、餓死寸前の大坂窮民を救おうとせず大坂の大富豪を擁護する政治は、道徳と仁愛を忘れた不届な行為である。

大坂の大富豪は諸大名への高利貸しで膨大な利益を得て裕福に暮らし、餓死寸前の貧窮者や物乞いする困窮者を救おうとせず、美酒・美食を常とし、妾を囲い、遊楽に耽けっている。本来なら大坂城代や大坂町奉行はこうした悪徳商人を取り締まって民百姓を救済すべきなのに、見て見ぬふりをしている。これでは天道に背く俸禄泥棒というほかない。

我らはささやかな隠居に過ぎないが、もはや我慢の限度を超えたので、有志の者と共に、民百姓を苦しめている諸役人を誅伐し、驕《おご》りふけっている大坂の大富豪らを誅殺し、彼ら大富豪が穴蔵に貯め置いた金銀や、蔵に隠し置いた米を困窮民に分配する。これは一揆でも蜂起でもない。神君家康公の『寛容と仁愛のご政道』を実践するのである」というものである。これは字数二〇〇〇字だから、四〇〇字詰原稿用紙五枚分である。短くもないが長くもない。こういう達意の文章を書いた大塩は高い見識を持っていた、といえる。檄文は木版で一万枚が刷られ、大坂近在の村々の神社などに貼り付けられた。

こののち檄文は筆写されて庶民の手で全国に広まり、寺子屋の習字の手本にされる。

大塩は天保八年（一八三七年）二月十九日午前八時頃、大坂天満橋にあった自邸に火をかけて決起。近郷の農民や大坂町民など総勢三百人ほどの勢力となり、先頭に「救民」という旗を掲げ左右に天照皇太神宮・八幡大菩薩の幟《のぼり》を立て、先陣は大筒二門を引き、本陣は鍬形兜《くわがたかぶと》・黒陣羽織に身を固めた大塩平八郎が槍をもった門人らを従え、後陣は大筒・小筒が続いた。一行は道中いたることところで大筒を撃ち、火矢を放ち、焙烙《ほうろく》玉（焼夷爆薬のこと）を投げ、抜き身の槍・長刀《なぎなた》を振り回しながら進んでいった。

彼らは米の買い占めを行っていた三井や鴻池らの豪商に対する怒りを募らせ、大砲を撃ったり火矢を放ったので火災が大きくなった。

大塩勢は奉行所の部隊と大坂各所で衝突し銃撃戦となったが、戦闘は奉行側が優勢となり、総勢三百余は奉行所側に蹴散らされ散りぢりになって四散。ほぼ半日で鎮圧された。

大塩は大坂商人美吉屋五郎兵衛に匿《かくま》われ、江戸へ送った建議書への反応を期待して待ってい

たが、三月二十七日早朝、潜伏先を大坂奉行所に包囲された。大塩は、

「もはやこれまで」

と観念し、用意の火薬に火をつけて自爆した。遺体は黒焦げで顔の判別が不可能だったので、

「大塩はまだ生きている」という風説が流れた。


大塩の乱は全国各地に伝えられ、京都の儒学者猪飼敬所《いがいけいしょ》は、

「大坂が大火になったのに、大坂の人々は大塩のおかげで『世直し』ができると喜んでいる
（原文：大塩ハ大坂町人皆服シ居候故、丸焼ニ合候テモヤハリ大塩様ノ御働ニテ世直リ申ベシト悦居候）」

と記録。九州の豊後日田の儒者広瀬淡窓《たんそう》は自著『懐旧楼筆記』に、

「大塩はかつてより能吏の評判が高く、飢饉に苦しむ窮民を救おうと決起した。だから大坂の人々から『大塩様』と呼ばれ尊敬されている（原文：大塩本能吏ノ誉レアリ。加フルニ此挙飢民ヲ済フヲ名トセリ。故ニ大坂の人心、後ニ至ツテモ之ヲ慕ヒ、今モ大塩様ト称シテ、尊崇スル由ナリ）」

と、意外なほどの大塩人気を記録している。


大坂町奉行所は、大塩の乱を鎮圧したのち大塩が行方をくらましたとき、

「大塩平八郎を召し捕った者に褒美として銀百枚を与える」

とお触れを下し、懸賞金を出した。水戸藩士藤田東湖はこれに対する大坂民衆の反応を、自著『浪華騒擾紀事』で、

「大坂民衆は大塩平八郎を尊敬し、たとえ大塩の懸賞金が銀百枚から千枚に増えても大塩を差し出す者はいないと言っている（原文：大坂市中殊之外平八郎を貴び候由。大坂の者申候には、たとひ銀の百枚が千枚になろうとて、大塩さんを訴人されようものかと申居候）」

と記している。

大塩が期待を込めて飛脚便で江戸へ送った三通の建議書は、先方に届かなかった。

大塩の建議書を運んでいた飛脚は、

「大事な文書だというからには金品が入っているのだろう。いただいてしまおう」

と考え、箱根の山中で書簡を開封したが、金品でないのでがっかりして書簡ごと道中に捨てた。雨に濡れ汚れた建議書を拾った者が伊豆韮山代官江川太郎左衛門英龍に届け出た。

一読して重要性を悟った江川英龍は、写本を作成したうえ、幕府に届けた。

幕府に届けられた三通の建議書はもみ消され、宛先へは届けられなかった。

しかし江川英龍の写本だけが丁重に保管されて昭和五十九年（一九八四年）に発見され、今日のわれわれは真実を知ることができるのである。

江川英龍の指示で民情調査のため大坂へ入った江戸の剣客斉藤弥九郎（神道無念流剣術師

範）は、大塩の乱を鎮圧した大坂町奉行所与力本多為助から、

「大塩は人物識見とも抜群で文武両道に秀でた英傑だから、謀叛を起こすなど思いもよらなかった。もし再び決起したら大変だ（原文：同人儀中々凡人にはこれなく、文武才力は勿論、人物行状等抜群の者にて謀叛一揆等企て候ものとはゆめゆめ心付かず候）」

と聞かされた。

また儒学者山田三川は大塩事件に関する世情の反応について、『三川雑記』において、

「大塩は三井・鴻池などに『窮民を救うべし』と献策したが、拒否されたので乱がおきた」

「大塩が乱を起こしたので気が晴れた、という気風になっている」

「上方や東海道では、『大塩に政治をゆだねれば世は太平に治まる』と噂されている」

「老中らは『大塩の乱を将軍家斉に報告すべきだ』と主張したが、将軍の側近らが反対するので、やむなく『百姓一揆がおきたが与力衆が鎮圧した』とわざと軽く申し上げた」

などと記録している。

挙兵は半日で鎮圧されたが、町奉行所与力だった大塩という武士が大坂という幕府直轄地で決起し、政治思想を檄文により広宣し、銃撃戦が展開され大坂市中に大火災を生じるなど従来の一揆とは異なっていたから、上は幕閣から下は庶民まで大きな衝撃を与えた。

## 生田万《いくたよろず》の乱

この四カ月後に、遠く離れた越後柏崎《かしわざき》で「生田万《いくたよろず》の乱」がおきた。越後柏崎でも「天保の大飢饉」により多くの餓死者が出ていたが、豪商が米を買い占めたので米価は暴騰し、庶民生活を圧迫していた。

国学者生田万はかつて平田篤胤に学び越後柏崎に流れ着いて「桜園塾」という私塾を開き国学を講じ、飢餓に苦しむ貧民に食糧を与えるなどして人望を集めていた。かかるなか「大塩平八郎の乱」の勃発を知ると、これに刺激され「大塩門弟」と称して決起。天保八年（一八三七年）六月一日午前六時頃、「天命を奉じて国賊を討つ」という旗を立て、越後柏崎の代官所を襲撃したのである。このときまかれた檄文は、

「我らの所為は、民衆の困窮を救うとの一心によるものである。民は国の本である。だから『民が貧しければ国は貧しく、民が豊かになれば国が栄える』というのが天の道理である。だから為政者は民が豊かになるよう心がけなければならない」

と述べている。

「生田万の乱」である。

乱はほどなく鎮圧され生田万は自刃したが、驚いた為政者が義倉・社倉を開いたので、乱の翌日から米価は値下がりした。

これ以降、全国各地で一揆が頻発して不穏な情勢が続き、幕藩体制崩壊の予兆となる。

水戸藩主徳川斉昭は幕政改革を促すため、将軍への建白書『戊戌封事《ぼじゅつふうじ》』を著し、内憂外患の一例として郡内騒動、三河加茂一揆、大塩の乱をあげた。

しかし水戸藩主徳川斉昭の建白も、大塩平八郎や生田万が身を挺して訴えた窮民の救済を願う万斛《ばんこく》の思いも、将軍家斉に届くことはなかった。

そして大坂に多くの餓死者がでているのに将軍家斉の歓心をかうため大坂の米を江戸へ送って騒動の原因をつくった大坂城代土井利位はとんとん拍子に出世し、天保八年五月に京都所司代に昇進し、天保十年十二月に老中になる。

土井利位は大塩平八郎ら多くの不幸を踏み台にして、立身出世の階段を登るのである。

将軍家斉は、大塩平八郎が自爆した翌月の天保八年（一八三七年）四月二日に将軍を辞任し、大御所となった。

# 第八章　大御所時代の「そうせい公」家慶《いえよし》

## 家慶の将軍就任と大御所家斉

家斉が天保八年（一八三七年）四月二日に将軍を辞任したのは、大塩平八郎の乱とは関係ない。家斉は大塩平八郎の乱のことを知らなかったからである。十五歳で将軍（天明七年《一七八七年》四月～）になった家斉は六十五歳になり、在位五十年を機に将軍を辞任したのである。将軍職を四十五歳の世子家慶に譲るには良い潮どきだったであろう。

世子家慶が五カ月間に及ぶ諸行事をおえて第十二代将軍になったのは天保八年（一八三七年）九月二日だった。ヒラの老中だった水野忠邦は、家斉が将軍を辞して世子家慶が将軍に就任するさまざまな煩瑣な行事を無事に取り扱って、能吏として頭角を現した。

このはざまの将軍空位時に、後述のモリソン号事件（天保八年六月）が起きる。

将軍を辞した家斉は大御所となって実権を手放さず、天保十二年（一八四一年）閏一月七日に六十九歳で死去するまで四年間、強大な権力を保持し「大御所時代」と呼ばれた。だから家慶は将軍になったものの、何の実権もなかった。重臣から意見を聞かれても自分の意見を申し述べることはせず、重臣が何か提案すると、

「そうせい」

と言うのみだった。だから「そうせい公」とよばれた。家斉が大御所として君臨してすべてを決定し、自分にはなんの権限も無いのだから、そう答えるしかなかったのである。

将軍家慶は幕政に関与せず武術上覧会を開催したり、絵画などの趣味に没頭して時間をつぶ

していた。そして静かに時局をながめ、人材を見抜く眼力を養っていた。

大御所家斉は豪奢な生活を楽しむだけで政治になんら関心をもたず、大塩平八郎の乱にみられる内政上の矛盾や、相次ぐ外国船の接近やお隣の清で勃発したアヘン戦争など外患についても何ら対策をとらず、大御所時代の幕政は無責任政治となって漂流した。

## モリソン号事件

将軍が空位である五カ月の間に「モリソン号事件」が起き、海防への不安が一気に高まった。内憂外患である。野心的なアメリカ商人チャールズ・キングが、

「日本人漂流民を帰国させることを手土産に日本と通商を開き、キリスト教を布教しよう」

と目論み、音吉・庄蔵・寿三郎ら日本人漂流民七人をアメリカ商船モリソン号に乗せてマカオを出港し、天保八年六月二十八日（一八三七年七月三十日）に浦賀に接近したのである。しかし浦賀奉行太田資統《すけのり》が「異国船打払令」に基づき小田原藩と川越藩に砲撃させたので、モリソン号は退去した。

そののちモリソン号は薩摩へ行き、上陸して薩摩藩家老島津久風と交渉したが、

「日本はオランダのみと交際している。漂流民はオランダを通じて日本へ送還すべき」

と説諭され、薪水と食糧を与えられて船に帰された。こののち空砲ながら、

「さっさと帰れよ。二度と来るんじゃないぞ」

と威嚇砲撃をされたので、やむなくマカオへ帰港した。

## 蛮社の獄

モリソン号の来航について、翌天保九年(一八三八年)六月、長崎のオランダ商館が、

「モリソン号の来航目的は、漂流民を送り届けるとともに、通商とキリスト教布教を求めたものである」

と幕府に伝えた。このときモリソン号はイギリス船と誤って伝えられた。

老中水野忠邦はこの件を関係官僚に諮問した。諸役人の答申は以下のとおりである。

勘定奉行「漂流民はオランダ船で日本へ帰国させる。通商は論外」

大目付「漂流民はオランダ船で日本へ帰国させる。通商と引き換えなら漂流民を受け取る必要なし。モリソン号が再来するなら打ち払うべし」

林大学頭述斎「漂流民はオランダ船で帰国させる。モリソン号のようにイギリス船が漂流民を送還してきた場合、むやみに打ち払うべきではない。その場合の取り扱いを、事前に検討しておくがある必要がある」

幕閣の見解がいずれも穏便策だったので、水野忠邦は熟慮の末、長崎奉行に十二月、「漂流民はオランダ船によって帰国させる方針」を通達した。幕府の対応は現実に即した妥当なものだった。このとき幕府は、

「何ら規制のない開国は、徳川幕藩体制を不安定化させる。貿易には統制が必要である」と考えていた。

しかるに蘭学研究のリーダーだった渡辺崋山（田原藩家老）や高野長英（町医者）ら蘭学者は西洋文明にあこがれ、「何ら規制のない即時開国」を求めて幕府を激しく批判し、処罰された。「蛮社の獄」である。蛮社とは南蛮の学問を学ぶ集団という意味である。

渡辺崋山、高野長英ら蘭学者や小関三英（幕府蛮書和解御用。翻訳官のこと）、江川太郎左衛門英龍（伊豆韮山代官）ら新進気鋭の幕府官僚らが「尚歯会」という勉強会を開いていた。尚歯とは「歯を大切にする」という意味で、蘭学、医学、数学、天文学、政治、経済、国防など論じていたのである。

「即時、無原則の開国」を熱願した渡辺崋山と高野長英は、幕府がモリソン号への対応について評議したほぼ同時期の天保九年（一八三八年）十月十五日の尚歯会の例会で、

「モリソン号のような外国船はこれからも来航する。幕府の打ち払い方針は不適切である」

と唱えて幕府の鎖国政策を厳しく批判した。とくに高野長英は『戊戌夢物語』を書いて、

「幕府が交易要求を拒絶したら、西欧列強の報復を呼ぶ」

との主張を世間に流布し、天保十年（一八三九年）春頃、老中水野忠邦の耳に達した。

水野忠邦ら為政者側は外国船来航の背景にあるナポレオンの盛衰、イギリスの暴虐などヨー

ロッパにおける国際情勢の緊迫化に危機感をもち、外交や海防をどうするか苦悩していた。もし仮に「即時、無原則の開国」を行って、

「アヘンが輸入され、代金としてわが国の金銀が大量流出し、日本経済が破滅する」

ことにでもなったら大変だ。この、

「アヘンが輸入され、代金として銀が大量流出し、経済が破滅する」

という事態は、お隣の清国で発生し、後述のアヘン戦争の原因となる。また、

「金銀の交換比率の差から多量の金が流出し、諸物価が高騰して日本経済が大混乱になる」

のは幕末のわが国で発生し、攘夷倒幕運動がおきて幕府が倒れる遠因となる。

だからこのあたりをよく考え、そうならないよう工夫しなければならない。

すなわち開国するには、貿易という国際主義《インターナショナリズム》VS海防という軍事・防衛の国家主義《ナショナリズム》という相反する問題を解決せねばならない。

西欧列強から不平等条約を押し付けられずにすむ最低限の国防体制を築く必要があるのだ。

もし仮に西欧列強から不平等条約を押し付けられてしまったら、そのあとが大変だ。

しかるに高野長英の「幕府が交易要求を拒絶したら西欧列強の報復を呼ぶ」との主張は、

「西欧列強は軍事力が強いから怖い。不平等条約でもなんでもよいから西欧列強の言いなりになって、なんの準備もせず無条件で即時開国すべし。アヘンの輸入も認めるべきだ。アヘンなど商品輸入のため金が大量に流出しても結構だ」

と言うに等しく、国防・経済安保という国家主義の概念がない。ここが問題である。だから幕府は高野長英の『戊戌夢物語』を、

「人心を惑わし、幕府の威信を傷付ける」

と嫌悪した。また渡辺崋山は内心では開国を期待しながら海防論者を装って『慎機論』を書いたが、表面的には海防という軍事・防衛の国家主義を論じながら、深層では開国という国際主義を唱えていたから論旨が一貫しなかった。そのうえ自身が政策決定に参画できない憤懣が込められていたから、幕政を激越に批判する文章になった。崋山は、

「これではさすがに公表できない」

と判断して自邸内に放置していた。しかし約半年後に奉行所が家宅捜索に踏み込んだとき押収され、有罪の証拠物件となる。

渡辺崋山、高野長英ら八人が幕政批判のかどで逮捕され、渡辺崋山は蟄居（のちに自刃）、高野長英は終身禁固（のちに脱獄し、捕吏に急襲・包囲されて自害）となった。

なお小関三英は、崋山・長英の入牢を聞くと将来に不安を感じて自害した。

## 水野忠邦は首席老中に昇任

老中水野忠邦は仕事のできる男だった。

登城すると待ち受けていた諸役人と間断なく応接し、膝《ひざ》を没するほど多数の書類を右から左

へ水の流れるように決裁した。長文の伺書などもさらさらと巻き返すだけでその意味を理解して適切な指示を与えたので、関係者をうならせた。

天保九年（一八三八年）三月十日に江戸城西の丸の料理場から出火し表御殿・大奥などが焼ける火事があったとき、水野忠邦はまっさきに駆け付け、武器庫を封鎖し、御女中衆を一人残らず避難させ、あとから来た火消衆を指図して消火にあたった。こうして水野忠邦は、「能吏であるだけでなく、忠誠心に厚く、献身的である」

と評された。前述のとおり忠邦は家斉が将軍を辞して家慶が将軍に就任する諸行事を無事に取り扱って大御所家斉と将軍家慶の信頼を得るようになっており、能吏であり忠誠心に厚く献身的との評判と相まって、幕閣における地位はゆるぎないものとなった。

幕藩体制の衰亡に危機感を抱いた水戸藩主徳川斉昭も、老中水野忠邦に注目した。

前述のとおり徳川斉昭は大塩平八郎の乱に衝撃を受けて将軍への建白書『戊戌封事』を著したのだが、政治権力は大御所家斉とその側近らに独占され、新将軍家慶には実権がないのだから、「建白しても実行されない」と考え、結局、提出しなかった。

この代わり徳川斉昭は、天保九年九月、老中水野忠邦に『時弊二十三カ条』を送って、「金銀御吹き替えにて物価騰貴の事。感応寺御建立の事。凶作につき餓死の民多き事」など幕政上の問題点を指摘した。斉昭は忠邦の才気と実行力を高く評価し、

「老中水野忠邦こそ、幕政改革の断行には最適の逸材だ」

と判断したのである。一方、老中水野忠邦は、徳川斉昭の言動について、

「御三家が幕閣に意見するのは越権行為である」

と不快感を持った。しかし徳川斉昭は当代一級の見識をもつ人物であり、斉昭の強引な性格を無視することは危険なことだし、水戸家の御三家という立場の重みも考慮して、

「一々適切なご指導であり、水戸殿のご慧眼に恐れ入った」

とソツなく回答した。徳川斉昭は、翌天保十年六月、

「いよいよ時節が到来した」

と判断。ながらく手元で温めていた『戊戌封事』に副署をそえて将軍家慶に呈上し、

「かつて三代将軍家光が長崎奉行を『内戦で幕府が倒れても、領土は勝った日本人の手に移るだけだから構わないが、わが国の領土が一寸なりとも外国の手に渡れば日本国の恥辱である』と諭したことは金言である。日本と清国を征服しようとしている欧米列強の外患を防ぐため①キリスト教の厳禁、②大船建造の許可、③北海道開拓などに取り組むべし」

としたうえで、

「幕政の刷新には人材の登用が何より大事で、幕閣の中では水野忠邦が第一の人材である」

と、水野忠邦の登用を促した。

こうして水野忠邦は、天保十年十二月二日、ヒラの老中から首席老中へ昇任した。

## アヘン戦争

お隣の清で一八四〇年（天保十一年）六月にアヘン戦争が勃発した。このときは家斉の大御所時代で、首席老中は水野忠邦だった。アヘン戦争は一八四二年（天保十三年）八月まで二年間にわたり続く。

当時、イギリスは清から茶・陶磁器・絹を輸入し、アヘンを清へ輸出して巨利を得ていた。アヘン貿易は年々拡大してアヘンが清への最大の輸出商品となり、一八三〇年代になるとアヘン購入代金として清から大量の銀が流出し、諸物価高騰など清の経済を圧迫した。

これを問題視した道光帝は林則徐を欽差《きんさ》大臣（特命全権大臣のこと）に任じてアヘン貿易を取り締まらせた。林則徐は一八三九年に広東へ赴き、外国商人が保有するアヘン二万箱を没収し焼却処分とした。そして各国商館に「今後、アヘンを清国に持ち込まない」という誓約書を一八三九年三月二十一日までに提出するよう要求した。

イギリス商人以外は、林則徐にアヘンを販売しない誓約書を提出して貿易を続けた。

アヘン戦争

しかしイギリスから広東へ派遣された貿易監督官エリオットはイギリス外相パーマストンの意を受け、現地のイギリス商人にアヘンを販売しない誓約書の提出を禁じた。そこで林則徐とイギリスの対立が深まり、イギリス商人は貿易の道が完全に断たれた。

かかる事態にイギリス外相パーマストンは対清開戦を決意し、一八四〇年二月、現地に赴くイギリス艦隊指揮官らに、

「主要港を占領して揚子江と黄河を封鎖し、清国に不平等条約を押し付ける」

よう訓令。アヘン戦争は一八四〇年（天保十一年）六月二十八日に開戦となった。

イギリス艦隊（イギリス軍艦十六隻、東インド会社所有の汽走砲艦四隻、陸軍兵士四千人）は清国兵が密集していた広州湾を封鎖したのち、防備が手薄な北方へ移動。清国軍のジャンク兵船を次々に沈め、厦門を攻め舟山を攻略するなど沿岸地域を次々に制圧して天津の沖合にいたり、首都北京を攻略する姿勢を示した。

やむなく道光帝は降伏し、一八四一年一月二十日にイギリスと「川鼻条約」を締結し、

一、香港の割譲。

二、広東貿易の早期再開。賠償金六百万ドルの支払い。

などが取り決められた。そこでイギリス軍は撤収した。

しかしイギリス軍が撤収すると清では強硬派が盛り返し、川鼻条約は守られなかった。

そこで戦闘が再開され、イギリス艦隊は一八四二年五月から再び厦門、寧波、舟山を攻撃。揚子江口の呉淞要塞を攻略して揚子江を遡上し、七月に鎮江を陥落させ、さらに揚子江を遡上して南京城の前面に砲列を敷いた。やむなく道光帝は再び降伏し、一八四二年（天保十三年）八月二十九日に「南京条約」を調印。アヘン戦争は清の敗北となって終る。

アヘン戦争の顚末は、オランダ風説書によって逐一幕府に伝えられていた。第一報はアヘン戦争開戦一年前の天保十年（一八三九年）六月二十四日付オランダ風説書である。これは同日長崎へ入港したオランダ船へンリエッタ号がもたらした情報をもとに、

「清国政府が北京でアヘンを吸引した者を厳罰に処した。さらに清国政府はイギリスのアヘン貿易を禁止するため、欽差大臣林則徐に『外国商人が保有するアヘンをことごとく没収する』よう厳命して広東に派遣した。このためイギリス商人は窮地に陥っている」

と戦争前夜の緊迫した空気を伝え、一カ月後の七月頃に江戸の幕閣にもたらされた。

翌天保十一年（一八四〇年）六月にはオランダ船ニューローデ号が長崎へ入港してオランダ風説書がつくられ、このなかで、

「清がイギリスに対しアヘン没収という無理非道なことを行ったので、イギリスは報復のため軍隊を派遣する（原文：無理非道之事共有之候所、仇を報んが為軍隊を派遣）」

と伝え、イギリス外相パーマストンが対清開戦を決意しイギリス艦隊指揮官に攻撃命令を下

したことを幕府に知らせた。

幕府は前述のフェートン号事件を機にイギリスの暴虐に対する警戒心を深めていたから、イギリス外相がイギリス艦隊指揮官に攻撃命令を下したことに強い衝撃を受けた。

かかるなか長崎町年寄高島秋帆《たかしましゅうはん》は、天保十一年九月、西洋砲術の採用を願う上申書（『天保上書』）を長崎奉行田口喜行に提出し、このなかで、

「軍備が遅れた清国は、イギリスと戦えば大いに敗れて滅亡に至るだろう。兵器が優れたイギリス側には一人の戦死者も出ないだろう」

とイギリスの大勝、清の大敗を予言した。

高島秋帆の西洋砲術演習

かねてより高島秋帆は西洋砲術の優秀さを知って長崎の出島のオランダ人から洋式砲術やオランダ語を学び、天保五年（一八三四年）に高島流砲術を完成させた。この高島流砲術を採用するよう、幕府に願い出たのである。
この上申書は長崎奉行田口喜行から老中水野忠邦に伝えられた。
こうしてアヘン戦争の最中の天保十二年五月九日（一八四一年六月二十七日）に江戸郊外の徳丸ケ原（今の東京都板橋区高

島平。高島秋帆を記念して高島平に改称される）で、高島秋帆により日本初となる洋式砲術と洋式銃陣の公開演習が行われる。前述のとおり徳丸ケ原には、松平定信の「寛政の改革」により大筒稽古場が設けられていたからである。

かかるなか首席老中水野忠邦は心を許す川路聖謨（当時は佐渡奉行だった）に、天保十二年一月七日付書簡にて、

「清国がアヘン貿易を厳禁したのでイギリス商人は不満を抱き、イギリス艦隊が攻撃を仕掛けて寧波《ニンポー》に攻め寄せ戦争となり、寧波の一部はイギリス軍に占領された。わが国の浦賀の防禦はどうすればよいのか。まともな議論すら行われていないので心配でたまらない（原文：清国、阿片通商厳禁之不取計より、イギリス人抱不平、軍艦四拾艘計、寧波府に仕寄戦争、寧波県一部被奪取候由。浦賀防禦之建議未定、不束之事どもに候）」

と嘆息した。

また海外情報の収集・分析をおこなっていた幕府天文方の渋川六蔵は、天保十二年八月、首席老中水野忠邦に幕政改革意見書を提出し、そのなかで、

「近年、イギリスが貿易問題を不満として清国に戦争を仕掛けたとのことである。おそらく清国は敗北・滅亡するだろう。もし清国がイギリスに敗北・滅亡したら、勢いに乗ったイギリスはわが日本に攻めかかってくるのではないか（原文：近年清国へイギリスと申候外夷より交易之儀に付、及戦争申候。追々風聞之趣にて、清国敗亡も難計、万一敗亡仕候はば、勢いに乗じ

本邦之取掛り可申候)」

との懸念を述べた。こうして幕府内では、一段と危機感が高まったのである。

天保十二年(一八四一年)にはオランダ船の長崎来航はなかったが、天保十三年(一八四二年)の六月十八日と十九日にオランダ船が入港しアヘン戦争の経緯を、

「一八四一年に川鼻条約が締結され、イギリスが香港島を領有し、イギリス軍が駐留し、イギリス総督が香港を支配している(原文:エゲレス人香港島を領候。兵を備へ、奉行を居置申候)」

と知らせた。さらにオランダ商館長が幕府に、

「マカオでイギリス武官から聞いた話だが、イギリス艦隊が日本へ殺到するかもしれない(原文:此節唐国とエゲレスと其騒動は究て日本に及ぼし候様成行候哉も難計候)」

と伝えた。アヘン戦争で清を破ったイギリスは勢いに乗って日本を侵略するかもしれない、というのである。そして尾張藩士水野正信は、天保十三年十月、『青窓紀聞』に、

「清国の大砲で鉄張りのイギリス軍艦を撃ち抜くことは不可能である。イギリス軍艦は、清国の大砲に百倍する強力な大砲を装備している。『三国志』の赤壁の戦いさながらの奇計では太刀打ちできない」

と記した。

大国の清がイギリスの圧倒的に優勢な軍事力に敗れたことは幕末の日本に大きな衝撃をもって迎えられ、イギリスが勢いに乗って日本を侵略するかもしれないという危機が高まり、速やかな幕政改革が迫られることとなったのである。

## 三方領知替え

しかるに首席老中水野忠邦は、政治の実権を握る大御所家斉に迎合して汲々としているほかなく、「三方領知替え」という内政上の泥沼にはまり、身動きできなかった。

水野忠邦は大御所家斉の意を迎えるため天保十一年（一八四〇年）十一月一日に、川越藩を庄内へ、庄内藩を長岡へ、長岡藩を川越へ転封する三方領知替えを命じたのである。

これは家斉の子の斉省（母は側室お以登の方）を養子に迎えた川越藩主松平斉典が、石高十四万石で実収高は三十万石とされる裕福な庄内藩を乗っ取り、庄内藩を長岡藩七万石へ追い出し、長岡藩を川越へ移そうと画策したものである。

川越藩は失政が続いて財政が悪化し、領民に苛政を強《し》いたものの借財が二十三万両へ累積し、利息と返済のための新規借入が年々四万両に上る財政破綻状態だった。そこで川越藩主松平斉典は家斉の二十六男斉省を養子に迎え、拝借金を天保四年に七千両、天保六年に五千両、天保十年に一万両をもらった。しかしそれでも焼け石に水だった。

そこで松平斉典は、

「斉省の生母お以登の方を通じて家斉に願い、裕福な藩へ転封し、借金をチャラにしよう」と目論み、贈収賄の権化である当時の首席老中水野忠成に多額の贈賄を送って庄内藩への転封を策したが、工作の途中で水野忠成が急逝した。こののち首席老中になった水野忠邦が大御所家斉の意を受けてこれを引き継ぎ、「三方領知替え」の幕命を下したのである。

これまでも三方領知替えは度々行われ、前述のとおり、

岡崎藩↓唐津藩↓古河藩↓唐津藩

浜松藩↓棚倉藩↓唐津藩↓浜松藩

などいくつか先例はある。

しかしこれらは岡崎藩第六代藩主水野忠辰が水野騒動により押し込められたり、浜松藩第三代藩主井上正甫が農婦を手ごめにするなど、不祥事が発端となっている。

しかし今回の三方領知替えには、庄内藩に何ら落ち度はなく大義名分がなかった。だから出羽国庄内藩は、

「国替えと　聞いて涙も　出羽の国　家中・家来は　何としょうない（庄内）」

と嘆いたのである。しかし一度下った幕命は覆らないのが通例である。

庄内藩が石高十四万石ながら実収高三十万石と裕福になったのは、歴代藩主が農民を大切にし、農地改良・農政改革・殖産興業に取り組んだ善政の成果である。

今の庄内平野は豊かな「米どころ」だが、これは初代藩主酒井左衛門尉忠勝《ただかつ》が入封して以来、歴代藩主と庄内農民の努力によって肥沃な米どころになったのである。

かつて最上川の下流は湿地帯で農地として使えず、大雨が降れば洪水に悩まされた。

歴代藩主は農民らを励まして用水工事を行い、この湿地帯を用水路と水田に分けたのだ。

凶作になると藩庁から米穀が配給されたのみならず、「しっかり働けるように」と干魚や古着が与えられたので、大凶作になっても餓死者が出たり、逃散する者もなく、農村人口の減少を防いだ。このため天候が良くなれば、ふたたび農業生産高が回復した。

もし凶作になって餓死者が出たり、間引きをしたり、農民が「年貢を納めることができない」と絶望して離村して農村人口が減少すれば、こののち天候が良くなっても、農業生産高は回復しない。これが他の多くの藩の実態だった。しかるに庄内藩の農民は、

「年貢が納められなくても手当を下さるなど、御恩徳重畳ありがたく感涙を流し、一統農業に出精まかりあり」

と農業生産に汗を流したのである。そして天保四年（一八三三年）の大凶作の際も、第八代藩主酒井忠器《ただかた》は領民を救済して一人の餓死者も出さなかった。また、

「本間様には　及びもせぬが　せめてなりたや　殿様に」

と謳われた庄内の大富豪・本間家は地域貢献の精神のもと、ひんぱんに洪水をもたらす暴れ川の最上川を整備して河川物流の動脈に代えただけでなく、私財を投じて酒田港を整備して

「北前船」の寄港地とする日本海の物流を確立し、海沿いに松を植林して防風林とし、さらには備蓄米を確保して窮民救済にもあたった。加えて本間家は庄内藩の財政顧問として藩の財政を陰で支え、庄内藩は豊かで安定した藩財政を確保したのである。

このように庄内藩は歴代藩主が領民の安寧に心を配り農村に手篤い藩政を心がけ自助努力で裕福になったのに、財政破綻した川越藩が自助努力で裕福になった庄内藩を乗っ取ろうというのだから、農民たちの間に動揺が走った。そして自然発生的な反対運動が発生し、士民（武士・農民・町人のこと）を挙げた猛烈な抵抗という大騒動になった。

川越藩が失政を重ねて財政が悪化し、農民に重税を課す苛政を重ねて農民が離村し年貢収入が減少する悪循環となって財政破綻したことは広く知られていた。だから庄内農民は、

「川越松平家は庄内に来ても放漫財政→財政悪化→年貢誅求→農民離村→農民人口減少→財政破綻の悪循環を行うだろう。そして庄内農民は塗炭の苦しみにあえぐだろう」

と恐怖におののいたのである。そしてついに、

「百姓と雖《いえど》も、二君に仕えず」

を合言葉に転封を撤回させるべく、幕府への集団越訴を決行した。

領民十一人が五組に分かれ、天保十二年（一八四一年）一月二十日、首席老中水野忠邦、老中井伊直亮《なおあき》、老中太田資始《すけもと》、老中脇坂安董、中山備中守にそれぞれ駕籠訴《かごそ》（大名の駕籠を待ち

受けて直訴すること）をして捕らえられた。

従来からの一般的な農民の直訴といえば藩政の非を訴え、

「領主が苛斂誅求《かれんちゅうきゅう》（年貢を厳しく取り立てること）するので困る」

と訴え出て農民代表は打ち首、というのが通り相場だった。

ところが庄内農民の訴状を読んでみると、庄内農民の訴えは、

「善政を施すわれらの領主を変えないでほしい」

と藩主の善政に感謝し、藩主との離別を嘆き、転封の撤回を嘆願する前代未聞の大珍事だった。このことが江戸市中に広まるや庄内藩への賞賛と同情が集まった。駕籠訴を行った者たちは口頭注意のうえ釈放され、領主の酒井家に引き取られた。

これを聞いた庄内の農民たちは大いに喜んで大規模な集会を開き、かがり火を焚き、幟《のぼり》を立てて気勢を上げ、祭礼のようなにぎやかな騒ぎだったという。


しかし幕府から「国替え中止」の沙汰は無かった。

そこで庄内農民三百余人が山を越えて仙台藩領に入って滞留し、

「思いもよらず国替えの知らせが舞い込み、老若男女一統、愁傷《しゅうしょう》嘆《なげ》きに沈み、霊験あらたかな仙台塩釜神社に参詣するつもりでやってきた」

と言って動かず、仙台藩に「御執成《おとりなし》」を愁訴した。

これには仙台藩主伊達斉邦《なりくに》も困った。

仙台藩主伊達斉邦は聡明で実行力ある名君だった。伊達斉邦が文政十一年十二月（一八二九年一月）に十二歳で仙台藩主になったとき、仙台藩領は大凶作で飢饉の状態だった。そこで伊達斉邦は、江戸藩邸での朝夕の食事を粥のみとし脇の三菜を控える質素なものとし、儀式や宴会なども取りやめさせた。これに対して重臣らが、

「せめて儀式だけは行いませ」

と進言した。すると十二歳の少年藩主伊達斉邦は、

「ふるさとの　秋を思えば　長月（九月のこと）の　照る影さえも　見るぞ悲しき」

と歌で返した。凶作に苦しむ領民のことを思えば月見の宴などしている場合ではない、というのである。「梅檀《せんだん》は双葉より芳し」という聡明なる少年藩主であった。

十七歳になった藩主伊達斉邦は、天保四年（一八三三年）十一月、国許仙台へ帰って自ら政務をとり、有能な役人を抜擢して領民を救恤《きゅうじゅつ》する先頭に立った。このため領内では、

「下々の者にまで手当てが行き届き、まことに領民の父母というべき賢君である」

と賞賛の声が語り合われた。伊達斉邦は、こういう名君だったのである。

仙台藩としても、庄内農民三百余人への対応を間違えて領内で百姓一揆や打ちこわしを誘発したら困る。そこで仙台藩は庄内農民三百余人に帰郷するよう懇切に説得したが、庄内農民ら

はただ涙を流すだけで一言も語らず、一歩も動こうとしなかった。

やむなく仙台藩主伊達斉邦は、農民代表三名だけを残して残りを帰郷させたうえ、老中井伊直亮に左記の書状を送った。

「庄内農民らが、酒井家の二百二十年におよぶ善政、飢餓の救恤《きゅうじゅつ》など君恩を忘れず、酒井家を慕う志は神妙である。伊達家の郡代は『お前たちの素志を藩主に伝え、藩主から御公儀へ言上するから、帰郷して吉報を待て』と申し聞かせて帰郷させた。庄内領の百姓らの君恩報じたき誠肝石肝、一朝一夕に砕くべきに御座なく、匹夫といえどもその志を奪うべからざるなり。百姓らの不撓《ふとう》の義気は尋常一様なものではない。だから庄内へ川越から松平斉典が入っても、安定と平和のうちに庄内をおさめることに不安を感じる。国替えは延期すべきである」

仙台藩主伊達斉邦は外様大名という幕政から排除された立場にあるのに、大胆にも大御所家斉の依怙贔屓と川越藩主松平斉典の我儘を批判し、幕閣中枢の老中井伊直亮に国替えの中止を求めたのである。

水戸藩でも同藩の軍用掛・山国喜八郎が、藩主徳川斉昭に、

「無理に国替えを強行すれば、決死の庄内領民が江戸に上り何をしでかすか判らない。決して小事と侮ることのないように」

と警戒するよう、進言している。

こういう大騒動のなか大御所家斉は、天保十二年（一八四一年）閏一月七日に病死した。

# 第九章　天保の改革と幕末への突入

## 将軍家慶が三方領知替えを撤回

大御所家斉が天保十二年（一八四一年）閏一月七日に病死すると、「三方領知替え」に反対する声は、一段と高まった。家斉の子を養子に迎えた縁故大名だけが厚遇される依《え》怙《こ》贔《ひい》屓《き》に対する不満と反発が一気に噴き出たのである。

とくに大広間席の外様大名たちは、家斉が死ぬと、待ってましたとばかりに「大広間・外様方」という一同の連名で、領知替えに反対する左記の伺書を老中に提出した。

「先祖より受け継いでいる領知は家々の格や徳川家への御奉公が抜群だとして拝領したのに、最近では将軍の子を養子に迎えた縁故大名だけが加増されている。今回はなぜ譜代筆頭の酒井家の城地（庄内藩のこと）を取り上げて、家斉の子を養子に迎えた縁故大名（川越藩主松平斉典のこと）に与えるのか？　私共はその理由を知りたい。庄内藩の酒井家といえば井伊、榊原、本多とならぶ徳川四天王の筆頭で、われわれ外様大名を攻め滅ぼして徳川家が天下をとった功臣ではないか。これほど功業をなした庄内藩酒井家の領知を取り上げて、徳川政権が揺らぐ心配はないのですか？　私共は心配です」

外様大名からここまで言われたら、幕府としてはグウの音《ね》も出ない。

そもそも新将軍家慶は、父家斉が大御所となって権力を握り続けたことを不快とし、家斉とは不仲だった。だから家慶は大御所家斉が病死すると大御所政治と決別した。その手始めが人事の刷新と、大御所家斉からの負の遺産である「三方領知替え」の撤回だった。

新将軍家慶はまず有能で清廉潔白な人材の登用を行い、天保十二年四月二十八日に矢部定謙を江戸南町奉行に、同年六月十二日には川路聖謨を小普請奉行に任じた。

将軍家慶にとって最大の懸案事項は、家斉の存命中から問題になっている「三方領知替え」である。これは庄内農民の駕籠訴が江戸市中で話題になっており、御三家の水戸藩や御三卿の田安家など将軍家一門のみならず外様大名一同からも疑問の声が上っている。

そこで将軍家慶はこの再検討に取り組み、天保十二年五月三日に江戸南町奉行矢部定謙から領知替えの是非について意見をきいた。すると能吏の矢部は独自の情報網により領知替えの内情を知っていたから、

「この三方領知替えは、川越藩主松平斉典が養子・斉省の生母お以登の方を通じて大奥から家斉に願い出たもので大義名分がない。再吟味すべきである」

と意見具申した。矢部定謙は剛直な男だったのだ。これを受けて家慶は三方領知替えの撤回を決断し、六月七日に首席老中水野忠邦を召して、

「庄内領は石高十四万石のところ酒井家の長年の努力で実収高が三十〜四十万石の豊かさになったのに、長岡へ移ったのでは石高が大幅に減り酒井家の運営が成り立たない。庄内領民は川越で困窮した松平家が入って酷い苛政が敷かれることを恐れている。転封を強行すれば庄内領民は一揆を起こすかもしれず、周辺の大名に鎮圧を要請する事態になれば、幕府の権威が大

きく損なわれる。従って三方領知替えを中止することが天意人望にかなう」

との御主意書を下し、三方領知替えの撤回を命じた。

転封中止は早馬で庄内藩に伝えられ、庄内藩士・百姓・町民はおおいに喜んだ、という。

将軍家慶が三方領知替えの撤回を命じたのは、

一、幕政に対する反抗の広がりを危惧した。

二、大御所家斉の影響力を排除する。

との政治的判断だったようだ。水野忠邦は、かつて家斉の意を受けた首席老中水野忠成が推進した三方領知替えを引継いだだけだから慰留され、首席老中の座にとどまった。

## お美代の方の落日

将軍家慶は、家斉の側近として権勢を振るってきた中野石翁や林忠英らを一掃した。

中野石翁は各方面から多額の賄賂を得て駿河台の本宅のほか本所向島に豪華な別邸を構え贅沢な生活を楽しんでいたが、家斉が死去すると登城を禁止されたうえ加増地没収・別邸取り壊しの処分を受け、翌年に病死した。

林忠英は天保十二年（一八四一年）四月に一万八千石のうち八千石を召し上げられて若年寄を罷免され、同年七月には老齢を理由に強制隠居させられた。林忠英は、以前から幕閣の浮沈を間近に見て警戒心を持ち、立身出世を果たした後もおおいに気を付けていた。しかしそれでも大御所家斉にべったりくっついていた自分が、「そうせい公」新将軍家慶から嫌われていることに気が付かなかった。突如解任された林肥後守忠英を、世間は、

「ひご（肥後）ろから　かねて覚悟は　しながらも　こう早し（林）とは　思わざりける」

と落首した。

家斉が死去し大御所時代が終わると、家斉の愛妾お美代の方に厳しい視線が向けられた。もともと将軍家の菩提寺は浄土宗の芝増上寺と天台宗の上野寛永寺で、家慶は浄土宗を信仰していたから、家慶が天保八年（一八三七年）に将軍になったとき家慶につらなる御女中衆は浄土宗に帰依していた。しかるに前述のとおりお美代の方は日蓮宗に帰依し配下の御女中衆も日蓮宗に帰依したから、大奥は浄土宗と日蓮宗の真二つに割れてしまった。

将軍家の菩提寺は浄土宗と天台宗なのに、日蓮宗が割り込んできたことは、幕府の教義上、困ったことである。こうして日蓮宗の感応寺に厳しい視線が注がれるようになった。

実は水野忠邦は、家斉の存命中から、お美代の方と感応寺のただならぬ関係に眉をひそめていた。だから天保十年（一八三九年）に首席老中になると福山藩主阿部正弘を翌天保十一年（一八四〇年）十一月に寺社奉行に任じ、内偵により作成した風聞書を下し、お美代の方と感応寺の動向を監視させた。首席老中水野忠邦は、家斉の存命中から、感応寺の摘発を狙ってい

たのである。

水野忠邦が、その能力を高く評価し最も信頼したのが、寺社奉行阿部正弘だった。

かかるなか大御所家斉が死去し将軍家慶が実権を握ると首席老中水野忠邦は、天保十二年（一八四一年）五月、阿部正弘に智泉院の摘発（中山法華経寺智泉院事件）を行わせた。智泉院の住職日啓（お美代の方の実父）と副住職日尚が逮捕され天保十二年十月五日に判決が下り、日啓は女犯の罪で遠島に処され（刑執行前に獄死）、日啓の内妻妙栄は押込め、日尚は江戸日本橋において三日間の晒《さらし》となった。智泉院に安置されていた家基と家斉の木像は上野寛永寺に移され、家基を祀った若宮八幡は撤去された。この判決は、

「日啓は百姓の後家『りも』を尼・妙栄と名乗らせたうえ密通した。日尚は船橋の旅籠《はたご》で下女『ます』に酒の酌をさせ密通のうえ、度々女犯に及んだ」

というもので、大奥との関係は遮断された形になっている。お美代の方をはじめ大奥の御女中衆には何のお咎《とが》めもない名判決とされた。弱冠二十二歳の寺社奉行阿部正弘は名声を博して高く評価され、こののち老中への階段を登っていく。

日蓮宗感応寺は、智泉院事件の判決が下った天保十二年十月五日の同日、「廃寺のうえ破却」を命じられた。感応寺はわずか三年余のはかない夢だった。感応寺の跡地は丹波園部藩の下屋敷として下された。家斉死去後、お美代の方は落飾して専行院と号し、十人ほどの侍女に支えられて江戸城二の丸で家斉の位牌を守って静かに暮らした、という。

## 水野忠邦による天保の改革

家斉が天保十二年（一八四一年）閏一月に死去すると、家慶は同年五月十五日、「享保の改革、寛政の改革の趣意に基づき、天保の改革を行う」との上意を伝え、水野忠邦による「天保の改革」という幕政改革が始まった。綱紀粛正と奢侈禁止が命じられ、華美な祭礼や贅沢・奢侈はことごとく禁止された。

前述のとおり水野忠邦は家斉が将軍だった天保五年に老中となり、家斉が大御所だった天保十年十二月二日に老中首座となったが、家斉の寵臣である林忠英や大奥に阻まれ、ほとんど何もできなかった。この間の水野忠邦は、家斉の勘気に触れて失脚しないよう家斉の鼻息をうかがいながら、汲々としていたにすぎない。そして家斉の意を迎えて「三方領知替え」を行おうとして大失敗をした。

しかし老中首座水野忠邦の本心は前述のとおり第八代将軍吉宗の「享保の改革」や松平定信の「寛政の改革」を再現することだったから、家斉が死去し大御所時代が終わると、抜擢した有能な人材を駆使して将軍家慶の下で「天保の改革」をスタートさせたのである。

水野忠邦が抜擢したのは、前述の寺社奉行阿部正弘のほか、天保十一年（一八四〇年）に北町奉行になる「遠山の金さん」こと遠山景元、天保十二年（一八四一年）に老中に抜擢される真田幸貫（信濃松代藩主。松平定信の次男）や、江川英龍（韮山代官）、高島秋帆（砲術方与力）らである。後述のとおり「天保の改革」は失敗に終わるが、このとき水野忠邦が抜擢した人材が困難な幕末期にわが日本の針路を正しい方向へ導くことになる。
その意味で「天保の改革」の最大の業績は、この人材登用にあった、といえる。

前述のとおり天保年間は農村では郡内騒動や三河加茂一揆など百姓一揆が、都市では大塩平八郎の乱や打ち壊しが頻発するなど、内政面の矛盾が深まっていた。対外関係ではモリソン号事件など相次ぐ外国船の接近があり、隣の清ではアヘン戦争が起きた。

幕政は内憂外患に揺れていたのである。

内政面の行き詰まりは、松平定信の「寛政の改革」の成果が、贅沢を極めた家斉の時代に食いつぶされ雲散霧消したことが最大の原因である。前述のとおり幕府財政は農民に課した年貢収入に支えられているが、商業生産性の方が農業生産性より高いから自由経済にすれば重要な納税者である農民は農村を捨てて都市へ流出し、幕府は財政収入の基礎を失う。

だから松平定信は「寛政の改革」で、農村の窮乏化を防ぐとともに都市の富裕化を抑制して農村VS都市の貧富の差を縮小しようとし、それなりの成果を上げた。

定信は失脚し隠居したのち前述のとおり定信の名声を慕い教えを請いに集まってくる若い大名らを指導したとき、文化十一年二月に定信を訪ねて薫陶を受けた唐津藩主水野忠邦が今や「寛政の改革」を模範として「天保の改革」に取り組むのである。

### 異国船打払令を廃し薪水給与令を下す

対外関係において最も肝要なことは、西欧列強と戦火を交えないことである。だから首席老中水野忠邦は従来からの「異国船打払令」を廃止し、天保十三年（一八四二年）、「薪水給与令」を下して外国船に燃料・水・食料の便宜を図る柔軟路線に転換した。

一方、水野忠邦は幕臣江川英龍を高島秋帆に弟子入りさせて高島流砲術を学ばせるとともに、さらにこれを改良した西洋流砲術を導入させ、近代的な軍備を整えさせた。

### 人返しの法

首席老中水野忠邦の「天保の改革」は農本思想を基本方針とした。

幕府の財政収入は農村からの年貢であるから、農民の離村を防いで農村人口を維持し農業生産高を安定させて年貢収入を確保すべく、江戸へ出てきた農民を帰郷させて農村の再建をはかろうとした。そこで天保十四年（一八四三年）三月に「人返しの法」を下した。

しかし農民の江戸への流入圧力は強く、実効性は乏しかった。

### 株仲間の解散

首席老中水野忠邦は、

「都市で頻発する打ち壊しの原因は、諸物価高騰に対する都市住民の不満である」

と判断した。ここまでは正しい。そこで諸物価の値下げを目指し、「諸物価高騰の原因は、株仲間（田沼意次が運上金や冥加金を得るため原料仕入れや販売の独占を認めた商人・職人の同業者組合のこと）が商品流通を独占しているからである。株仲間を解散させ諸商人の業界参入を自由化すれば自由競争により物価は下落する」

と考えた。これは間違いではないが、正しいとはいえない。

株仲間解散令は天保十二年（一八四一年）十二月十三日に発布された。しかし株仲間が構築した流通システムが混乱して経済の停滞を招いただけで、諸物価の引き下げにさしたる効果は上がらず、株仲間の解散は失敗に終わる。

このとき江戸南町奉行矢部定謙が水野忠邦の発想に反対し、水戸藩士藤田東湖に、

「諸物価高騰の原因は度重なる貨幣改鋳にある。株仲間に責任を帰すのは筋違いである。株仲間の解散によって物価高騰を抑える、というのは幻想にすぎない」

と述べた。

矢部の見解は近代経済学のミクロ経済学（価格の理論）に照らして正しい。

矢部定謙が言うとおり諸物価高騰の主な原因は幕府の度重なる貨幣改鋳である。しかし正論を吐いた天才矢部定謙は水野忠邦の逆鱗に触れ、江戸南町奉行を解任されてしまった。

株仲間の解散に反対して失脚した矢部定謙は天保十二年四月二十八日に江戸南町奉行に就任し同年十二月二十一日に江戸南町奉行を解任されたから、江戸南町奉行の在任は八カ月に過ぎ

ない。しかし矢部定謙はこの在任中、将軍家慶に進言して三方領知替えを撤回させ、株仲間の解散に反対する鋭い切れ味を見せたのである。

矢部定謙は剛直な性格で、江戸南町奉行を解任されると抗議のため自ら食を絶って絶食し、天保十三年（一八四二年）七月二十四日に餓死した。短いながら燦然と輝く天才の死であった。川路聖謨ら幕末の良識派官僚は矢部の無念の死を惜しんだ。

### 綱紀粛正

水野忠邦は徹底的な綱紀粛正と奢侈禁止を目指し、南町奉行矢部定謙・北町奉行遠山景元の反対を押し切って倹約令を下した。贅沢・奢侈はことごとく禁止され、華美な祭礼や衣服、高価な菓子や料理なども禁じられる厳しい統制の時代になった。

富くじ興行は天保十三年（一八四二年）三月八日に水野忠邦によって一切禁止された。

寄席に対する規制も実施され、江戸二百十一軒あった寄席は十五軒に減らされた。歌舞伎にも制限を加え、江戸の繁華街にあった江戸三座（中村座・市村座・守田座）を場末に移転させ、歌舞伎役者が外出するときは編笠着用を強制した。

人情本作家の為永春水や合巻作家の柳亭種彦らが、風俗に悪影響を与えるとして処罰された。柳亭種彦とは二百俵取りの旗本高屋彦四郎のペンネームである。

柳亭種彦は長編合巻『修紫田舎源氏』を文政十二年（一八二九年）から十四年にわたって書

き継ぎベストセラーになった。これは紫式部の『源氏物語』を下敷きに舞台を平安時代から室町時代へ移して翻案した通俗小説で、三十八編百五十二冊が発刊された。

挿絵は歌川国貞が担当して「源氏絵」と呼ばれ、当時の大奥の模様を写したと噂され、華麗な絵が広く刊行された前述の「大奥出世双六」のように人気を呼んだ。『源氏物語』の主人公は光源氏だが、『偐紫田舎源氏』の主人公は光氏である。

『偐紫田舎源氏』の内容について「将軍家斉の大奥生活を描いた」、「大奥の内情を書いた」、「光氏は徳川家斉がモデルだ」などの評判をうみ、大奥の御女中衆の間でも、

「主人公の光氏は今の上様だ」

と、隠れ読む御女中が多かったとされる。しかし水野忠邦の「天保の改革」が始まると、

「柳亭種彦こと旗本高屋彦四郎が、江戸城大奥の内情を暴露した」

という罪状で譴責され、出版は中止となり、作品は未完に終わった。種彦は間もなく没した。死因には病死説と自殺説の二説がある。

## 上知令

首席老中水野忠邦は天保十四年(一八四三年)六月一日に上知令を発布した。

アヘン戦争で清を降伏させ勢いに乗ったイギリスが日本に攻めかかってくる事態に備えるため、江戸と大坂の十里(約三十九キロメートル)四方の大名領、旗本領を幕府に返上させて幕

府の直轄地とし海防施設を整備しようとしたのである。しかし大名・旗本には、「先祖が武功により拝領した由緒正しい領地は、加増を伴う栄転的なものや落ち度による懲罰的なものでなければ召し上げられない。幕府といえども領地に手出しはできない」という意識が強く、上知令は、大名・旗本から猛烈な反発を受けた。

上知令反対の急先鋒は、かつて大塩平八郎の乱のとき大坂城代だった老中土井利位だった。老中土井利位が反対の旗を振ると、御三家の紀州藩や水戸藩からも反対の声が上がり、首席老中水野忠邦は孤立に追い込まれた。

将軍家慶の裁断により天保十四年（一八四三年）閏九月七日に上知令は撤回され、忠邦は閏九月十三日に老中を解任され失脚した。こうして「天保の改革」は挫折に終わった。

上知令反対の旗を振って水野忠邦を失脚に追い込んだ老中土井利位が、忠邦の後任の首席老中になったが、利位の首席老中の期間はわずか十カ月にすぎなかった。天保十五年（一八四四年）五月に江戸城本丸が火災により焼失したので、利位は将軍家慶から再建資金の調達を命じられたが利位は十分な献金を集めることが出来ず、家慶の信頼を失ったのだ。

天保十五年（一八四四年）三月にはフランス軍艦アルクメーヌ号が琉球へ来航して通商と布教を要求するなど外交問題が深刻化してきたので、余人を以て代えがたく、家慶は同年六月二十一日に忠邦を首席老中に復職させた。

しかし首席老中に復帰した水野忠邦に昔日の面影は無く頭痛、下痢、腰痛、発熱などの諸症状により欠勤しがちで、弘化二年（一八四五年）二月二十二日に老中を辞任した。

そして水野忠邦が最も目をかけた阿部正弘二十七歳が首席老中に抜擢された。

## 首席老中阿部正弘が徳川慶喜を抜擢

将軍家慶の男児で二十歳を超えたのは家定だけだった。

しかし家定は病弱で身体障害があり人前に出ることを極端に嫌ったので、家慶は家定に代えて水戸藩主徳川斉昭の七男・七郎磨（後の徳川慶喜）を将軍継嗣にしようと考えた。

このとき首席老中阿部正弘は、家定を将軍継嗣とするよう進言したうえ、弘化四年（一八四七年）九月に七郎磨を一橋家に入れ、慶喜を将軍継嗣の有力な候補者とする。

阿部正弘は弘化二年（一八四五年）に海防掛を常設として外交・国防問題に当たらせ、さらに水戸藩の徳川斉昭や薩摩藩の島津斉彬など有能な諸大名から幅広く意見を求め、川路聖謨、江川英龍、水野忠徳、岩瀬忠震、井上清直など大胆な人材登用を行った。

将軍家慶は、嘉永六年（一八五三年）六月三日にペリー艦隊が浦賀沖に現れ対策に追われるなか、黒船来航十九日後の六月二十二日に病死した。享年六十一。

このの ち阿部正弘が嘉永七年（一八五四年）三月に日米和親条約を締結し、阿部正弘により抜擢された徳川慶喜が最後の将軍になって、時代は幕末へ移行していく。

# 主な参考文献


将軍の世紀　山内昌之　文藝春秋
遊王 徳川家斉　岡崎守恭　文藝春秋
松平定信　高澤憲治　吉川弘文館
松平定信　藤田覚　中央公論社
大名廃絶録　南條範夫　新人物往来社
女と男の大奥　福田千鶴　吉川弘文館
江戸幕府の北方防衛　中村恵子　ハート出版
間宮林蔵探検ルート　相原秀起　北海道大学出版会
松前藩　濱口裕介・横島公司　現代書館
黒船前夜　渡辺京二　弦書房
日本史の新視点　新晴正　青春出版社
江戸の海外情報ネットワーク　岩下哲典　吉川弘文館
幕末日本の情報活動　岩下哲典　雄山閣

歴史のなかの江戸時代　速水融編　藤原書店
江戸の遺伝子　徳川恒孝　PHP研究所
徳川社会の底力　山崎善弘　柏書房
中国の近代　市古宙三　河出書房新社
平田篤胤　田原嗣　吉川弘文館
水野忠邦　北島正元　吉川弘文館
大塩平八郎の乱　藪田貫　中央公論新社
大塩平八郎建議書　仲田正之編　文献出版

鈴木荘一（すずき・そういち）
1948年、東京に生まれる。近代史研究家。
1971年東京大学経済学部卒業後、日本興業銀行にて審査、産業調査、融資、資金業務などに携わる。2001年退職し、以降歴史研究に専念、「幕末史を見直す会」代表として活動している。
著書に『明治維新の正体』『政府に尋問の筋これあり』（以上、毎日ワンズ）、『日露戦争と日本人』『日本征服を狙ったアメリカの「オレンジ計画」と大正天皇』（以上、かんき出版）、『アメリカの罠に嵌った太平洋戦争』（自由社）、『幕末の天才 徳川慶喜の孤独』『陸軍の横暴と闘った西園寺公望の失意』『昭和の宰相 近衛文麿の悲劇』『名将 山本五十六の絶望』（以上、勉誠出版）、『鎖国の正体』（柏書房）、『名将 乃木希典と帝国陸軍の陥穽』『西郷隆盛と大久保利通の明治維新』『平和の武将 徳川家康』（以上、さくら舎）、『明治から大正の危機を救った大隈重信の功績』（共栄書房）などがある。

**遊王将軍・徳川家斉の功罪——賢臣・松平定信との相克**

2024年11月10日　初版第1刷発行

著者 ——— 鈴木荘一
発行者 —— 平田　勝
発行 ——— 花伝社
発売 ——— 共栄書房
〒101-0065　東京都千代田区西神田2-5-11出版輸送ビル2F
電話　03-3263-3813
FAX　03-3239-8272
E-mail　info@kadensha.net
URL　https://www.kadensha.net
振替 ——— 00140-6-59661
装幀 ——— 佐々木正見
印刷・製本— 中央精版印刷株式会社



ISBN978-4-7634-2142-5 C0021